Quando os campos Florescem

Roberto de Carvalho
pelo Espírito Basílio

QUANDO OS CAMPOS Florescem

Aliança

1ª edição, Junho/2015, do 1º ao 10º milheiro.

Título
Quando os Campos Florescem

Autor
Roberto de Carvalho/ Basílio

Revisor
Equipe Editorial

Diagramação
Pâmela Biazon

Capa
Pâmela Biazon

Impressão
Rettec Artes Gráficas e Editora Ltda.

Ficha Catalográfica

Dados Internacionais de Catalogação na Publicação
(CIP)
(Câmara Brasileira do Livro, SP, Brasil)

Basílio (Espírito).
Quando os campos florescem / pelo espírito Basílio;
[psicofragado por] Roberto de Carvalho. -- São Paulo : Editora Aliança, 2015.

ISBN 978-85-8364-018-9

1.Espiritismo 2.Psicografia 3. Romance espírita
I. Carvalho, Roberto de II. Título

15-04220 CDD-133.9

Índice para catálogo sistemático

1. Romance espírita psicografado : Espiritismo 133.9

Editora Aliança
Rua Major Diogo, 511 - Bela Vista - São Paulo - SP
CEP 01324-001 | Tel.:(11) 2105-2600 | Fax: (11) 2105-2626
www.editoraalianca.com.br | editora@editoraalianca.com.br

Soneto

Pergunta quase sempre a voz aflita,
buscando uma saída à dor pungente:
"Quem é, meu Deus, o filho inconsequente
que veio ao mundo e só me traz desdita?"

Porém não há resposta convincente
e um turbilhão de dúvidas se agita
no fundo da alma; tudo o que transita
é a incerteza atroz e persistente...

Refém do orgulho insano e da descrença,
o homem que vê Deus com indiferença
e desconhece as bênçãos do perdão,

um dia vai saber que o próprio lar
é frente de trabalho a nos cobrar
renúncia, tolerância e compaixão!

Apesar de ser baseado em fatos reais, este romance é uma obra inspirada, que tem por finalidade divulgar o espiritismo por meio dos preceitos básicos de sua Doutrina e dos ensinamentos dos evangelhos de Jesus.

Todos os personagens aqui apresentados são ficcionais. Portanto, qualquer semelhança com nomes de pessoas, lugares e comportamentos terá sido apenas coincidência.

Sumário

Introdução

"É assim que se explicam esses ódios, essas repulsas instintivas que se notam em certas crianças, e que nenhum fato exterior parece justificar. Nada, com efeito, nessa existência, poderia provocar essa antipatia. Para encontrar-lhe a causa, é necessário voltar os olhos ao passado."

O Evangelho segundo o Espiritismo – Capítulo XIV – item 9.

Quando um bebê nasce, envolto por aquela aura de inocência e pureza, normalmente atrai para si o amor sincero e o senso de proteção de quem o esperou ansiosamente por nove meses. Principalmente a mãe que, desde o momento da fecundação já travou um contato íntimo e indissociável com a criança; ofereceu-lhe o útero como ninho fisiológico, alimentou-o, repartiu com ele cada fragmento de sua constituição física, sentiu os desconfortos iniciais da gestação, as fortes emoções próprias do período, o medo, a insegurança e as dores lancinantes do parto.

Entretanto, aquele frágil bebezinho revestido de um corpinho minúsculo e delicado é, na verdade, um Espírito experiente, com uma bagagem imensa onde estão acondicionadas todas as suas características morais. Qualidades e defeitos, virtudes e vícios, alegrias e tristezas, amores e ódios...

Desnecessário dizer que, em face do nível evolutivo dos habitantes de um planeta de expiações e provas como a Terra, muitos Espíritos reencarnantes trazem uma propensão para o lado negativo muito mais apurada do que para o positivo. Afinal, vivemos numa morada planetária onde o mal ainda se sobrepõe ao bem.

Quantas pessoas desencarnam diariamente com o coração repleto de mágoas, rancores, ódios, ciúmes... E quantas passaram a encarnação inteira vivendo tão somente em busca dos prazeres da carne, apegadas às riquezas materiais, ao poder, à realização dos seus caprichos... Quantas pessoas deixaram como marca registrada de sua personalidade orgulho, egoísmo, ira, cobiça, inveja, maldade, falsidade, traição, avareza...

São esses mesmos Espíritos que, em sua imensa maioria, revestem-se de um novo corpo e, por conta da benevolente e sagrada lei da reencarnação, retornam à convivência física com os seus desafetos para as tentativas de reconciliação e a progressiva evolução espiritual, a cada nova experiência encarnatória.

É por esse motivo que, atingindo certa idade física, quando o Espírito desperta na matéria e se torna independente, deixando de ser aquela criança que precisava de cuidados e proteção especiais; quando ele toma cor de si e assume o controle de suas próprias atitudes, revela todas as nuances pertinentes ao seu caráter.

É geralmente nesse momento que antigos conflitos vêm à tona e entes queridos, que até bem pouco tempo mantinham uma convivência harmônica e saudável – em face dos vínculos familiares – passam a se encarar como os mesmos inimigos que foram em outras épocas.

Esquecidos do compromisso de reconciliação firmado por ocasião de seu reencarne, recriam no lar o ambiente adverso de vidas passadas, chegando, algumas vezes, à consecução de crimes hediondos – alguns até coletivos – no próprio seio familiar.

A mágoa represada e o desejo de vingança eclodem de modo espetacular e, muito embora a própria razão – na condição de uma voz interior – tente alertá-los de que algo está errado; de que devem se esforçar para vencer aqueles ímpetos negativos e buscar a reconciliação, são muitos os que sucumbem aos fortes apelos da discórdia que tem no orgulho e no egoísmo os seus maiores aliados.

Isso ocorre devido à imensa dificuldade que muitos ainda encontram para conceder o verdadeiro perdão, aquele que fixe raízes na alma humana e que não fique apenas no âmbito da palavra lançada ao vento.

Enquanto a pessoa não conquista a capacidade de perdoar verdadeiramente, costuma se manter como um cobrador persistente e incansável ao longo dos séculos e até de milênios, desenvolvendo uma compulsiva obsessão auferida no ódio, e esperando o momento propício para cobrar a sua vingança.

Na narrativa deste livro, deparamo-nos com a dramática história de Estela e Ariane, dois Espíritos adversos que recebem a difícil tarefa de conviverem como mãe e filha, numa experiência marcada pela mútua antipatia, refletindo aqui o que ocorre em muitos lares, num universo imenso de tumultuadas e violentas relações familiares.

Que Jesus nos ilumine e permita que esta obra alcance o êxito a que se propõe, instruindo corações e mentes sobre as realidades que se escondem por trás do véu do esquecimento, que nos protege das lembranças traumáticas dos nossos próprios equívocos.

Razão da História

"Compreendei que, quando gerais um corpo, a alma que se encarna vem do espaço para progredir. Tomai conhecimento dos vossos deveres, e ponde todo o vosso amor em aproximar essa alma de Deus: é essa a missão que vos está confiada e da qual recebereis a recompensa, se a cumprirdes fielmente."

O Evangelho segundo o Espiritismo; Capítulo 14 – item 9

Quando me foi proposto acompanhar a história de Estela e Ariane a fim de que sua experiência de vida se tornasse uma obra literária, eu não compreendi de imediato a importância do projeto. Mas, investigando a questão, entendi que os mesmos equívocos cometidos por elas têm se repetido num grande número de lares espalhados por esta imensa casa planetária chamada Terra.

Visitando alguns desses lares, conheci uma quantidade considerável de famílias e qual não foi o meu espanto ao perceber como é ampla a conflituosa relação entre mães e filhas – na verdade, Espíritos inimigos aos quais foram dadas a oportunidade de uma estreita convivência familiar, objetivando a reconciliação.

Não vou me estender na narrativa dessas situações, porque acabaríamos fugindo do objetivo principal desta obra, que é falar sobre a experiência de uma família específica. Mas, apenas para ilustrar o que digo, num dos lares que visitei, uma jovem de dezessete anos havia tentado assassinar a própria mãe, colocando veneno na comida dela. A mulher não morreu, mas adquiriu gravíssimas e irreversíveis sequelas, que a faria passar o resto da vida vegetando.

Em outro caso, uma mulher simulou um incêndio casual em sua residência e pôs fogo no quarto da filha de treze anos, matando a menina que dormia profundamente, após ter ingerido uma forte dose de sonífero que a própria mãe, horas antes, havia misturado ao refrigerante que ela bebia habitualmente, às refeições.

Esses eventos refletiam o ódio represado há muito tempo naqueles corações. Sentimento que, apesar da lei do esquecimento imposto pela limitação do corpo físico, encontrava-se latente nos recônditos compartimentos da alma; adormecidos, contidos, mas não superados.

E foram tantos casos escabrosos e lamentáveis encontrados nessas visitas, que finalmente compreendi porque era importante falar sobre as experiências na tumultuada relação entre Estela e Ariane.

Quem sabe essas questões não passam a ser mais bem compreendidas por quem vive neste momento situações parecidas com as que elas enfrentam? Quem sabe a narrativa aqui exposta não sirva para lançar um foco de luz sobre os obscuros segredos que, resguardados pela lei do esquecimento e enredados pelos potentes tentáculos dos interesses materiais, mantêm-se incógnitos?

Afinal, somente a certeza de que Deus é soberanamente justo, e que não dá a seus filhos senão aquilo que lhes pertença, pode nos levar a compreender o que representam essas relações tão adversas e ao mesmo tempo tão necessárias.

Portanto, amigos, não esperem encontrar na narrativa que se segue as ricas biografias de Espíritos elevados, cujas experiências de vida sejam povoadas de nobres realizações. Ao contrário, Estela e Ariane são apenas mais dois seres moralmente endividados e que desperdiçaram por um bom tempo a extraordinária oportunidade de se reconciliar com o adversário angariado por conta de dois dos mais comprometedores entraves para a evolução moral da humanidade: o orgulho e o egoísmo.

Que Deus ampare a todos nós e ilumine as nossas mentes para a compreensão da narrativa que se segue.

Basílio

Primeira Parte

Capítulo 1

Ainda que Deus castigue

"Não recuseis, portanto, o filho que no berço repele a mãe, nem aquele que vos paga com a ingratidão: não foi o acaso que o fez assim e que vo-lo enviou. Uma intuição imperfeita do passado se revela, e dela podeis deduzir que um ou outro já odiou muito ou foi muito ofendido, que um ou outro veio para perdoar ou expiar. Mães! Abraçai, pois, a criança que vos causa aborrecimentos, e dizei para vós mesmas: 'Uma de nós duas foi culpada'".

O Evangelho segundo o Espiritismo; Capítulo XIV – item 9

Durante muito tempo, Estela guardou em silêncio um terrível segredo; algo inconfessável até mesmo para Deus, pois este segredo representava também um pecado imperdoável que, uma vez admitido, abriria para ela as portas do inferno; a perdição eterna de sua alma. Foi isso que lhe ensinou a crença adquirida na igreja ortodoxa onde, por força de tradição familiar, fora apresentada às prerrogativas de um Deus extremamente frio, severo e impiedoso.

Com o passar dos anos, o distanciamento da casa paterna e o convívio diário com um marido irreligioso arrefeceram a pouca fé que ela nutria e que nunca se fixara substancialmente em sua alma.

Mas os sermões dogmáticos ouvidos na infância e adolescência ainda reverberavam em sua mente, manifestando-se na condição de uma voz interior a repetir que o amor de uma mãe para com os seus filhos é um sagrado sacerdócio, semelhante ao amor de Deus por suas criaturas; indistinto e incondicional. Mas ela não conseguia sentir amor pela própria filha.

— Por quê?

Era a pergunta que Estela se fazia mentalmente todos os dias, após os constantes desentendimentos que quase sempre terminavam em agressões verbais ou até mesmo físicas. Dependendo do grau de irritação a que a discussão conduzisse, ela costumava esbofetear a filha sem a menor compaixão.

Como não conseguia encontrar respostas para a questão, e continuasse a alimentar o sentimento de culpa que a assaltava diuturnamente, decidiu seguir pelo caminho que lhe parecia mais viável: resolveu tirar Deus do seu caminho. Sem as prerrogativas do Criador naquela relação parental, destituíam-se os chamados laços espirituais entre ela e a filha, restando-lhe apenas o papel de genitora fisiológica.

Pelo menos era a isso que Estela se apegava. Já que não conseguia amar a filha, esforçava-se para eliminar, ou pelo menos para minimizar dessa atitude, a condição infamante do pecado.

Na verdade, aquele sentimento de ódio era flagrantemente recíproco. As discussões surgiam praticamente do nada e eram provocadas tanto por Ariane quanto por Estela. Qualquer comentário que uma fizesse era motivo para que a outra discordasse de imediato e desse início às contendas que tanto perturbavam o ambiente doméstico.

Oswaldo, o chefe da família, sentia-se impotente diante daquelas desavenças e simplesmente não sabia como agir.

— Veja o absurdo que a mamãe está dizendo, pai. Ela falou que eu só posso pintar o cabelo depois que fizer dezoito anos. O que tem demais em uma menina de quinze anos querer mudar a cor do cabelo? Todas as minhas amigas, até mais novas do que eu, já pintaram...

E, antes que ela terminasse, Estela disparava:

— Absurdo, Oswaldo, é a sua filha, que mal acabou de largar as fraldas, achar que é dona do próprio nariz. Você não vai apoiar essa loucura, nem dar dinheiro para ela pintar o cabelo, hein?! É assim que começa. Hoje, tinta no cabelo; amanhã, piercing no nariz; depois, alargador na orelha...

— Deixa de ser ridícula, mãe! Ninguém está falando em piercing e em alargador de orelhas aqui...

— O quê? Você ouviu, Oswaldo? Sua filha me chamou de ridícula.

— É que a mamãe me tira do sério, pai!

Estela erguia a mão ameaçadoramente e partia para cima dela.

— Some daqui, Ariane! Some da minha frente, se não eu...

— *Ahhhhh!!!* Droga de vida!

Ariane entrava no quarto e batia a porta. Estela voltava a sua ira para o marido:

— E você, Oswaldo, não vai fazer nada? Vai deixar a sua filha falar comigo como se eu fosse umazinha qualquer?

Ele ficava totalmente sem ação. Na verdade, não via nada demais no fato de Ariane querer pintar o cabelo, mas, de certo modo, entendia que Estela também tinha as suas razões. A menina poderia esperar um pouco mais para começar com aqueles modismos.

Entretanto, tomar a defesa de uma significava contrariar o interesse da outra sem que isso representasse o fim da contenda. Pelo contrário, a parte contrariada tornava-se muito mais hostil e agressiva, por não obter o respaldo dele.

Por isso Oswaldo acabou aprendendo, depois de muito aborrecimento, que a melhor coisa a fazer era não tomar partido algum. Deixar que as duas se cansassem de duelar por um motivo e se concedessem uma trégua, até que outro elemento de discórdia se apresentasse.

Aliás, as razões eram o que menos importava para aqueles conflitos diários. Estela e Ariane brigavam no café da manhã por um motivo; na hora do almoço por outro e à noite por um terceiro, sem nem ao menos se lembrarem do que motivou a primeira briga do dia.

Já a relação entre Estela e o filho Willian era o oposto. O rapaz, três anos mais velho que Ariane, sempre tomava o partido da mãe, inclusive apoiando as suas implicâncias com a caçula.

— Mãe, a Ariane é folgada demais. Se ela não criar juízo, vai acabar se dando muito mal na vida. Também, já viu o bando de malucos que ela tem como amigos? Cada um mais esquisito do que o outro.

Estela sorria com tristeza.

— Ah, meu filho! Como eu gostaria que ela tivesse o mesmo juízo que você tem. Sempre tão bem comportado, tão responsável com as suas coisas...

Esses elogios, embora tendo boa cota de razão, eram repetitivos e muitas vezes exagerados. Aos dezoito anos, Willian vivia grudado à mãe; deitava-se em seu colo e adorava receber cafuné nos cabelos, como nos tempos de infância. Em compensação, com o pai ele tinha uma relação distante e fria.

Oswaldo demonstrava gostar igualmente dos dois filhos. Percebia as diferenças comportamentais de ambos e as respeitava, pois tinha consciência de que cada um, com os seus traços de personalidade, possuía os seus valores.

Willian era responsável, comprometido com os estudos e com a futura vida profissional. No entanto, demonstrava certa propensão à baixa autoestima, uma mentalidade um pouco infantil e uma flagrante dependência da aprovação materna para as suas tomadas de decisão.

Ariane era o oposto do irmão. Não se mostrava muito interessada nos estudos, embora não os abandonasse. Mas era de forte temperamento e demonstrava claros pendores artísticos; tendo revelado muito cedo uma inequívoca vocação para as artes cênicas.

— Serei uma atriz muito famosa, vocês vão ver! Um dia, estarei em Hollywood e darei muito orgulho a vocês.

Essa frase era repetida por ela desde os seis, sete anos de idade. E Ariane realmente se mostrava muito segura do que dizia. Desde os primeiros anos escolares, fazia parte dos elencos de peças estudantis e quase sempre interpretava papéis de destaque, pelos quais recebia muitos elogios e até mesmo alguns prêmios - troféus e medalhas que ostentava orgulhosamente sobre a escrivaninha de seu quarto.

Oswaldo fazia de tudo para não perder uma única apresentação da filha e a incentivava bastante, mas Estela nunca comparecia nem tecia qualquer comentário positivo a respeito de sua vocação. Inventava mil desculpas e criava os motivos mais diversos para se ausentar daqueles eventos. No fundo, sentia-se incomodada com tudo o que representasse sucesso e promovesse alegria na vida de Ariane.

De vez em quando, a consciência dava sinais de fraqueza e ela voltava a se perguntar:

— Por que essas coisas acontecem comigo?

Mas, ainda que Deus a castigasse e a consciência lhe pesasse uma tonelada, os sentimentos negativos em relação à menina continuavam inalterados em sua alma.

Capítulo 2

Dores que ninguém vê

"Deus não faz as provas superiores às forças daquele que as pede; só permite as que podem ser cumpridas; se isto não se verifica, não é por falta de possibilidades, mas de vontade. Pois quantos existem, que em lugar de resistir aos maus arrastamentos, neles se comprazem: é para eles que estão reservados o choro e o ranger de dentes, em suas existências posteriores."

O Evangelho segundo o Espiritismo; Capítulo XIV – item 9

Eram considerados uma família exemplar na cidade de médio porte onde moravam, no interior do estado de São Paulo. Herdeiro de um sobrenome importante naquela região, Oswaldo era o advogado mais conceituado do município e possuía um escritório bem movimentado, onde empregava alguns jovens, principalmente aqueles recém-formados em Direito.

Além disso, tinha excelente influência política, tendo exercido cargos públicos importantes. Tivera dois mandatos como vereador, um como vice-prefeito e ocupara relevantes funções em repartições públicas do município e do estado, fator que lhe concedia muitos privilégios, além de um sincero sentimento de respeito e admiração quase unânime na sociedade local.

Embora não fossem milionários, dinheiro nunca lhes faltou. Sua residência era grande, bonita, confortável e ricamente mobiliada. Os filhos estudaram no melhor colégio da cidade. Ao contrário de Ariane, que vivia como que num mundo à parte, pensando apenas em se tornar uma famosa atriz, Willian queria seguir os passos do pai, preparando-se para cursar Direito na mais conceituada universidade da capital paulista.

Antes de conceber Willian, Estela havia engravidado duas vezes no espaço de um ano e meio e nas duas vezes sofreu o que se chama de aborto espontâneo. Esses incidentes ocorreram entre a sétima e oitava semana de gestação e deixou o casal muito preocupado. A terceira gravidez gerou um clima de insegurança e até mesmo certo desânimo, mas, contrariando todas as expectativas ruins, a gestação foi coroada de êxitos e o menino nasceu cheio de saúde, levando alívio e muita alegria ao coração de seus pais.

Estela era o que se pode chamar de uma dona de casa exemplar. Dedicada inteiramente à família, seu papel era manter as coisas em ordem para facilitar ao máximo a vida do esposo, sempre cheia de compromissos profissionais e políticos. Essa função ela cumpria relativamente bem; ou pelo menos cumprira até o momento em que Ariane surgiu em sua vida.

A menina começou a representar problemas desde a concepção, pois, ao contrário da gravidez do Willian, a dela não foi programada. Ariane surgiu num momento de muita atribulação por conta das eleições municipais e da campanha eleitoral que conduziria Oswaldo ao seu primeiro mandato na Câmara de Vereadores.

Estela andava atarefada com as necessidades do pequeno Willian e sofreu muito com os desconfortos físicos provenientes dessa gestação. Quando Ariane nasceu, Oswaldo não pôde dar à esposa a atenção que ela julgava necessária, pois ele andava muito ocupado em conciliar as atribuições do escritório e o cargo recém-assumido na vereança.

Estela não conseguiu ver as coisas por um ângulo mais sensato e se sentiu profundamente magoada por estar sendo relegada a um papel secundário na vida do esposo. Pior; começou a transferir grande parte dessa mágoa para a filha recém-nascida, considerando-a culpada por tudo aquilo. Chegou a ponto de ver nela uma criança feia e repugnante, contrariando todas as opiniões alheias; já que todo mundo achava a menina linda e encantadora.

A baixa autoestima que envolveu Estela, ao se sentir preterida por Oswaldo, provocou-lhe a chamada depressão pós-parto. Nos primeiros meses após o nascimento de Ariane, ela passou a apresentar sintomas de ansiedade, irritação, crises de choro injustificáveis e uma dor de cabeça que não passava por nada.

Além disso, as simples tarefas de cuidar da menina, como dar banho, trocar a fralda, vesti-la e penteá-la deixavam-na irritadíssima. Bem ao contrário do que acontecera com o Willian, cujos cuidados sempre lhe encheram de prazer.

Durante três meses, Estela suportou aquele inferno pessoal, disfarçando ao máximo as suas contrariedades, as dores que lhe dilaceravam a alma, mas que ninguém via.

No entanto, houve um dia em que acabou surtando logo pela manhã. Em meio a uma crise de choro da menina, possivelmente provocada por cólicas intestinais, Estela sentiu a vista escurecer e a dor de cabeça, que se tornara uma desconfortável rotina, intensificou-se de modo insuportável.

Ela começou a gritar e a socar os móveis do quarto com tanta força, que quase quebrou o pulso. Depois foi acometida de uma histérica crise de choro, entremeada por frases negativas carregadas de angústia e autopiedade, que lhe chegavam à mente e eram proferidas numa lamuriosa ladainha:

— Inferno de vida! Ah, que vontade de desaparecer do mundo! Ah, que vontade de morrer... Maldita vida! Maldito mundo!

Oswaldo, que estava se arrumando para ir trabalhar, ouviu aquela barulheira toda e correu ao quarto onde a esposa se encontrava. Quando ele entrou no cômodo, Estela, em vez do semblante aflito e preocupado do marido, teve a impressão de ter visto no rosto dele um ar de deboche e de censura.

O advogado teve muita dificuldade para controlar a esposa. Agindo cegamente, Estela acabou desferindo vários chutes em suas pernas e arranhões em seu rosto, enquanto Oswaldo a abraçava com força e pedia para ela ficar calma.

Willian, atraído pelos gritos da mãe, estava em pé na porta do quarto, chorando, vendo aquela cena com os olhinhos arregalados, num misto de espanto, comiseração e medo.

Estela foi levada ao hospital, onde ficou internada por três dias. Nesse período, recebeu rigoroso tratamento para controlar a depressão e o caso só não se tornou um escândalo público, porque Oswaldo era muito querido também pelos profissionais da imprensa local.

Algumas poucas notas foram divulgadas nos periódicos da região, falando apenas da internação de Estela, provocada pelo que classificaram como um lamentável "incidente doméstico", sem entrar em detalhes sobre as agressões que ela havia praticado contra o marido e sobre o seu flagrante estado de desequilíbrio mental.

Durante o tempo em que Estela ficou internada, Willian e Ariane ficaram sob a guarda de Joana e Henrique

que eram irmã e cunhado dela. O casal gostava muito dos sobrinhos e adorava ficar com eles.

Aliás, nesse aspecto, as interferências da irmã em sua vida até incomodavam Estela, pois Joana parecia bem mais preparada para o papel de mãe, embora, ironicamente, nunca houvesse engravidado.

Após aquele episódio, Estela se tornou dependente de medicamentos para controlar o estado emocional, que passou a apresentar constantes oscilações. Às vezes, ela acordava feliz e meia hora depois estava amargurada, irritada, com vontade de morrer. Outras vezes já acordava se sentindo mal, mas, no decorrer do dia, passava a se sentir melhor e à noite surpreendia a todos com um bom humor contagiante.

A verdade é que muitas dessas oscilações para o lado negativo estavam diretamente ligadas ao tumultuado relacionamento com Ariane. Era incrível como a menina tinha a capacidade de tirar a mãe do sério e, muitas vezes, sem dizer uma só palavra. Bastava um gesto um pouco mais extravagante, uma gargalhada, um comentário irônico com alguém ao telefone; tudo isso deixava Estela profundamente irritada, pois ela tinha a certeza de que era sempre uma forma que Ariane arranjava de provocá-la.

Embora não compreendesse as razões que a levavam a agir assim, Ariane sentia mesmo um grande prazer em ver a mãe aborrecida e arquitetava aquelas provocações, travando um duelo dissimulado com a genitora.

Capítulo 3
Modos de vida

"Despertai, meus irmãos, meus amigos! Que a voz dos Espíritos vos toque o coração. Sede generosos e caridosos, sem ostentação. Quer dizer: fazei o bem com humildade. Que cada um vá demolindo aos poucos os altares elevados ao orgulho."

O Evangelho segundo o Espiritismo; Capítulo VII – item 11

Joana era a única irmã de Estela. Oito anos mais velha do que a caçula, casara-se com Henrique aos vinte anos. O casal nunca chegou à conclusão de qual dos dois era o problema de infertilidade, pois simplesmente optou por não investigar o porquê de não conceber herdeiros.

Henrique era formado em psicologia, mas nunca exercera a profissão. Sua fonte de renda provinha de uma pequena livraria, onde comercializava principalmente livros espiritualistas, filosóficos e de autoajuda. Era um homem culto, sensível e de uma fé inabalável em Deus. Embora praticasse o espiritismo, dizia sempre que o mais importante na vida de uma pessoa não é a religião que ela professa, mas sim o conhecimento do que a vida significa e do importante papel que cada um representa para o universo.

Segundo ele, num mundo onde doutrinas religiosas são usadas para a promoção de guerras e perseguições ao semelhante, e onde se acumulam imensas fortunas sobre fundamentos espiritualistas, é importante estar atento para distinguir o que é verdadeiramente de Deus e o que é apenas fruto dos egoísticos e, muitas vezes, insanos interesses humanos.

— Num universo onde até os menores insetos têm papel relevante, o mais importante é que cada homem tenha consciência da função cooperativa que lhe cabe. É uma questão de atitude e não de discursos dogmáticos - dizia ele. — No dia em que todo ser humano se unir na busca incessante pelo conhecimento, não haverá fanatismo religioso que os separe - completava, citando sempre o aforismo atribuído à filosofia grega: "conhece-te a ti mesmo" e as palavras de Jesus pelo Evangelho de João: "Conhecereis a verdade e a verdade vos libertará".

Uma vez questionaram porque ele levantava uma bandeira religiosa, já que, a seu ver, toda religião promove fanatismo. E o livreiro, sem perder a serenidade, rebateu:

— Não é a religião que cria o fanatismo; é a incapacidade dos homens de compreenderem o sentido divino da religião para aproximá-los de Deus! Um fanático verdadeiramente religioso é tão provavel quanto um religioso verdadeiramente ateu.

E era desse modo, muitas vezes com um raciocínio um pouco confuso, mas com boa dose de assertiva e até de bom humor, que ele defendia o seu ponto de vista.

No passado, quando Henrique e Joana começaram a namorar, Estela era pouco mais que uma criança e considerava o futuro cunhado – treze anos mais velho do que ela – o homem mais interessante do mundo. Ficava suspirando pelos cantos, enquanto os dois namoravam no sofá da sala, sob o olhar atento dos pais de Joana. Nessa ocasião, Estela chegou a lamentar o fato de ser nova demais para tirá-lo de sua irmã.

À medida que foi amadurecendo, sua visão a respeito do cunhado foi se transmudando e de repente ela já não o encarava com admiração. Ao contrário, passou a achá-lo demasiadamente piegas e chato; sempre com aquelas longas e repetitivas conversas a respeito de espiritualidade, leis universais, vidas interplanetárias, elucidações filosóficas... Estela concluiu que Henrique era, na verdade, um visionário cheio de fantasias na cabeça, e passou a evitá-lo.

Essa concepção a respeito do cunhado intensificou--se ainda mais quando ela começou a namorar o pragmático e materialista Oswaldo. Este sim, um homem arrazoado, de pés no chão e cabeça povoada de racionalidade e bom senso, pensava ela.

A família do futuro marido era conhecida pela forma calculista como resolvia os seus assuntos. Intimamente ligada à política local, possuía vários membros executando cargos importantes em todas as esferas da administração pública.

A aproximação entre Oswaldo e Estela ocorreu logo após a formatura do rapaz. Na ocasião, ele estava com 23 anos e Estela tinha dezenove. Muito mais do que o seu porte elegante – magro, alto, o rosto fino, de traços inteligentes e olhos vivazes –, o que mais chamou a atenção de Estela foram os projetos de vida daquele jovem e a maneira eloquente com que os defendia.

Nessa ocasião, Estela era possuidora de uma beleza física extraordinária. Encontrava-se no auge da juventude e havia recusado inúmeros pedidos de casamento, para grande revolta das amigas que declaravam abertamente a sua inveja.

Detentora de um corpo escultural, cabelos castanhos cacheados, rosto delicado, pele muito clara e olhos esverdeados, a impressão que Estela tinha era a de que poderia escolher o marido que quisesse, não só naquela cidade, mas em qualquer parte do mundo. No entanto, ela jamais agiu precipitadamente, guardando-se para o homem especial que sabia estar fadada a encontrar um dia. Oswaldo foi o seu primeiro e único namorado.

Casaram-se após curto período de namoro e Estela lamentou que sua pobre irmã, casada com o "vendedor de ilusões" – como apelidou o cunhado – não tivesse encontrado alguém tão ajuizado e responsável quanto o seu eleito. Nesse quesito, Estela considerava Joana uma pessoa azarada e sentia muita pena dela.

Henrique e Joana levavam uma vida de certo modo sacrificada, pois o comércio de livros era muito mais uma realização ideológica do que financeira. Os dividendos eram tão curtos, que eles mal conseguiam manter empregados, tendo de cuidar pessoalmente do balcão e da administração da loja.

Era com dificuldade que o casal conseguia manter as contas em dia. Moravam numa casa pequena, quase sem conforto; o veículo que possuíam era antigo e vivia apresentando defeito. Joana usava roupas simples, sempre combinando com discretas bijuterias, pois não tinha uma joia sequer. E, apesar de tudo isso, os dois estavam sempre sorrindo, trocando carícias em público, demonstrando um relacionamento de recíproca afetividade e muito tranquilo.

Mas Estela não conseguia se conformar. Achava que a irmã e o cunhado tinham o coração mole demais para serem comerciantes, pois costumavam vender fiado e não possuíam a menor disposição para cobrar os maus pagadores. Além disso, Henrique tinha o hábito extravagante de presentear amigos e parentes com as novidades literárias que lhe chegavam às mãos.

Sempre que se reunia com a irmã, Estela procurava aconselhá-la, fazendo-a enxergar a vida improdutiva que, a seu ver, eles levavam:

— Joana, tome uma atitude! Mande o seu marido arranjar um emprego decente. Ele tem formação universitária; pode abrir um consultório ou empregar-se numa clínica...

Apesar de ser mais velha, Joana a ouvia em silêncio, sem demonstrar impaciência ou indignação. Depois encarava a irmã com seus olhos castanhos, constantemente serenos e, sem expor no rosto uma única ruga que denunciasse preocupação, defendia o companheiro:

— O Oswaldo não tem a menor vocação para clinicar, Estela. Formou-se para satisfazer a vontade dos pais, mas não tem vontade de exercer a profissão.

Sua atitude deixava Estela encolerizada.

— E a livraria, Joana? Por que então ele não faz com que ela dê lucros? Poderia diversificar o comércio, trabalhar com livros didáticos, artigos de presente, papelaria... Ou, sei lá, transformar aquele espaço numa lanchonete, num açougue... Comida vende muito mais do que livros.

— Deus me livre! Só de pensar nisso, o pobre coitado chega a ter urticária. O Henrique é um ideólogo e não um comerciante, minha irmã. Ele não encara a venda de livros como um comércio qualquer, mas como um verdadeiro sacerdócio!

E sorria ao dizer essas coisas, deixando a irmã ainda mais indignada.

— Vocês são dois irresponsáveis, isso sim! É por isso que se dão tão bem. Duas criaturas iludidas, sem o menor juízo na cabeça...

E o sermão prosseguia, sem que Joana a interrompesse ou se mostrasse aborrecida com os puxões de orelha que a caçula lhe dava. Entretanto, essas conversas não contribuíam em nada para mudar o modo de pensar e de agir daquele enigmático casal.

Estela não desistia de tentar abrir os olhos da irmã em relação àquela vida desorganizada que Joana e Henrique, em sua concepção, levava. Não perdia a menor oportunidade para chamá-la à razão. Um dia, Oswaldo lhe deu de presente de aniversário um jogo de jantar com quase cem peças de prata pura. O mimo custou uma pequena fortuna e deixou Estela extremamente envaidecida. Ela tinha certeza de que ninguém naquela cidade possuía um tesouro daqueles.

No jantar que preparou para estrear o rico presente, fez questão de convidar a irmã e o cunhado. Com isso, esperava provocá-los, pois achava óbvio que Joana ficasse louca de vontade de ganhar presentes como aquele. Era a chance que ela precisava para mostrar de uma vez por todas que a vida da sua irmã estava toda errada e que ela e o marido deveriam se preocupar um pouco mais em ter conforto material.

Enquanto Oswaldo e Henrique conversavam na sala, Estela pediu à Joana que a ajudasse a colocar a mesa. De propósito, usou uma quantidade imensa daquelas peças, visando provocá-la. No entanto, para sua surpresa e decepção, a irmã pareceu não ter notado nada.

Mais tarde, durante o jantar, conversaram a respeito de muitos assuntos, mas nem Joana nem o Henrique fizeram qualquer referência àquele lindíssimo jogo de jantar. A impressão que Estela teve foi a de que, se tivesse servido a comida em pratos de plástico e talheres descartáveis, teria sido a mesma coisa.

Ficou tão irritada com o que encarou como uma tremenda falta de consideração, que acabou não apreciando o jantar e, para piorar, ainda enfrentou uma dolorosa indigestão, horas mais tarde.

Depois que os convidados se foram, ela desabafou com o marido:

— Você viu que absurdo?

Oswaldo olhou interrogativamente, deixando-a ainda mais brava.

— Vai dizer que você não reparou? A Joana e o Henrique se acabaram de comer a minha janta, falaram pelos cotovelos, mas não foram capazes de fazer um pequeno elogio ao meu jogo de jantar.

Ele fez um muxoxo:

— Desligados como são, eles não devem nem ter notado.

Quando ela ia responder com grosseria, Willian, que nessa época estava com oito anos, acudiu-a:

— Liga não, mãe! Eu acho que eles não disseram nada, porque ficaram com inveja e não quiseram admitir.

A observação do filho pareceu totalmente arrazoada e deixou Estela cheia de prazer.

— A essas alturas, a caminho de seu casebre, naquele velho carro enferrujado, os dois devem estar tecendo muitos comentários sobre a minha prataria, cheios de despeito e de inveja – Estela disse bem alto, com um sorriso orgulhoso desenhado nos lábios.

Quando o assunto já era dado por encerrado, sem que ninguém esperasse, Ariane, demonstrando uma maturidade surpreendente para os seus cinco anos de idade, balbuciou:

— A tia Joana e o tio Henrique não são invejosos. Eles são felizes com o seu modo de vida!

Estela nunca a perdoou por isso.

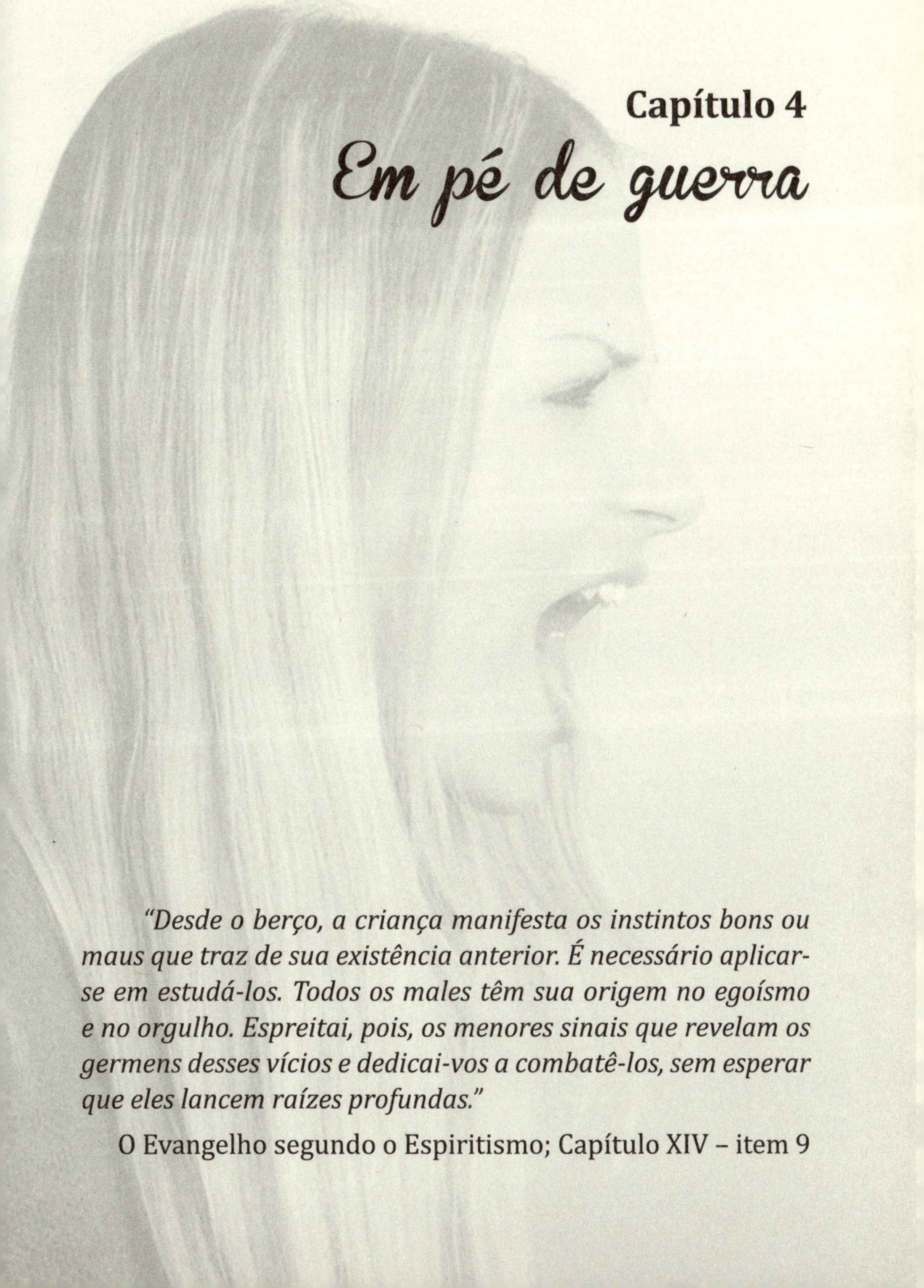

Capítulo 4
Em pé de guerra

"Desde o berço, a criança manifesta os instintos bons ou maus que traz de sua existência anterior. É necessário aplicar-se em estudá-los. Todos os males têm sua origem no egoísmo e no orgulho. Espreitai, pois, os menores sinais que revelam os germens desses vícios e dedicai-vos a combatê-los, sem esperar que eles lancem raízes profundas."

O Evangelho segundo o Espiritismo; Capítulo XIV – item 9

Incontáveis foram as vezes em que Estela e Ariane se desentenderam. Ambas eram possuidoras de um temperamento forte, altivo e orgulhoso e a animosidade entre elas seguia em ritmo célere e crescente, parecendo mesmo que o passar do tempo só fazia aumentar o clima de discórdia entre as duas.

Houve uma noite em que Ariane estava em seu quarto e Estela estranhou, pois havia muito silêncio na casa. Nessa ocasião, a menina tinha onze anos e normalmente fazia muita algazarra, ouvia música alta, cantava junto, corria pela casa aos gritos e, enquanto não levasse umas palmadas, não sossegava.

Pois bem, estranhando o silêncio, a mãe foi verificar o que estava acontecendo. Entrou sorrateiramente no quarto dela e a flagrou diante do espelho, com o rosto todo borrado com um conjunto de maquiagem caríssimo que Estela havia ganhado. Ela ficou tão irritada diante daquela cena, que deu um grito ensurdecedor e partiu para cima da filha, tencionando esganá-la.

Não se sabe se por causa do susto, ou se para provocar a mãe, Ariane deixou a caixa de maquiagem cair e espatifar-se no chão, espalhando todos os produtos no assoalho e quebrando o espelho de cristal que havia na tampa da embalagem.

Cega pela raiva, Estela agarrou-a pelas orelhas e deu-lhe vários safanões, tapas e beliscões. Depois, obrigou-a a limpar o chão e trancou a porta do quarto, deixando-a enclausurada, sem direito a jantar naquela noite.

Estela estava tão encolerizada, que precisou tomar vários comprimidos para se acalmar. Seu marido estava viajando e, normalmente ela tinha muita dificuldade para pegar no sono, em sua ausência. Sentia-se insegura, amedrontada, com a sensação de que algo ruim iria acontecer a qualquer momento.

Essas sensações negativas se ampliaram muito depois da crise depressiva que sofrera, logo após o nascimento de Ariane. Era comum, nesses momentos adversos, que Estela tivesse a impressão de estar sendo observada bem de perto e isto a deixava ainda mais descontrolada.

Naquela noite, apesar da ação dos medicamentos ansiolíticos, Estela custou muito a dormir. A imagem de Ariane despedaçando o seu jogo de maquiagem ficava se repetindo em sua mente e, a cada vez que se repetia, renovava-se o desejo de agredir a filha.

Quando finalmente conseguiu pegar no sono, ela teve um pesadelo terrível onde era perseguida por um homem mal-encarado, que portava um chicote. O ambiente em que se encontravam era uma espécie de pântano, onde a cada passo seus pés se prendiam à lama, dificultando-lhe a fuga. Por mais que corresse, ela não conseguia se distanciar muito.

Quando a chicotada desferida pelo perseguidor ardeu em suas costas, Estela deu um grito e acordou apavorada. Antes de despertar inteiramente, ainda ouviu uma gargalhada sinistra que ficou ecoando dentro de sua cabeça, enquanto o semblante frio e agressivo daquela criatura se desvanecia em seu campo mental, à imitação de uma nuvem de pólvora.

Acordou com a testa entanguida de suor, a respiração ofegante, o coração aos saltos... A imagem do perseguidor estava ainda muito clara em sua memória e parecia remeter a uma cena do passado. Estela ficou pensando sobre aquilo, mas logo teve a certeza de que não conhecia aquele homem e que tudo não passara mesmo de um sonho ruim, provocado possivelmente pelos aborrecimentos que Ariane lhe causara.

Olhou no relógio digital que ficava sobre o criado-mudo: eram duas e quinze da madrugada. Só então se lembrou de ter se esquecido de destrancar a porta do quarto da filha. Caso a menina tivesse sede ou vontade de ir ao banheiro, não teria como fazê-lo.

Contrariada por ter de se levantar, dirigiu-se ao quarto dela. Destrancou a porta cuidadosamente para não fazer ruído e, quando ia se afastando, ouviu a voz de Ariane sendo pronunciada num tom ameaçador:

— Você vai me pagar, sua infeliz! Eu a odeio e nunca vou perdoá-la!

Aquele atrevimento deixou Estela novamente irritada. Não estava disposta a reiniciar a briga, mas já que a menina estava provocando, ela não iria deixar por menos. Escancarou a porta com um chute, acendeu a lâmpada e perguntou:

— O que foi que você disse?

A resposta foi um silêncio enorme.

De repente, ouviu-se um ressono bem natural. Ainda assim, Estela pensou que Ariane estivesse fingindo que dormia. Aproximou-se da cama, olhou bem no rosto dela. Sua filha estava totalmente imóvel. Sacudiu-a pelo ombro. Nada. Depois de algum tempo observando, chegou à conclusão de que a menina estava realmente dormindo.

Voltou para o quarto impressionada com aquilo. Novamente custou a pegar no sono e, quando o fez, o pesadelo reiniciou, mantendo-a tensa, assustada e nervosa a madrugada inteira. Durante todo o tempo, Estela fez um esforço sobre-humano para acordar, mas não conseguiu. Seu perseguidor parecia se divertir bastante com aquele jogo de gato e rato, deixando claro que podia alcançá-la e chicoteá-la quando bem quisesse, mas que se divertia bem mais quando a obrigava a correr sobre aquele lodaçal.

Quando finalmente conseguiu acordar, passavam das nove horas da manhã e o sol já invadia o quarto, atravessando a vidraça e a fina cortina de seda.

Apesar do avançado da hora, ela ainda estava sonolenta. Sua cabeça encontrava-se dolorida por causa da noite mal dormida e dos pensamentos perturbadores provocados pelos acontecimentos daquela madrugada.

Arrastou-se pesadamente para a cozinha, tencionando fazer um café bem forte para espantar o sono.

Mais uma vez foi desafiada pelo comportamento de Ariane. A menina estava sentada à mesa, toda lambuzada de comida. A cozinha parecia um chiqueiro, com pedaços de frutas espalhados por todos os cantos e uma poça de leite derramada no piso.

— Que porcaria e essa? - gritou Estela, levando as duas mãos à cabeça.

Ariane a olhou com a maior calma do mundo.

— Não vem, não, mãe! A culpa é sua, por me fazer dormir com fome.

Aquela atitude deixou Estela ensandecida. Tentou agarrar a filha pela orelha, mas ela se desvencilhou. Num gesto rápido, Ariane jogou-se no chão, engatinhou por entre as pernas da mãe, correu e se trancou no quarto.

Estela foi atrás dela e começou a socar a porta.

— Ariane! Ariane! Abra esta maldita porta, agora!

Mas, a essas alturas, a menina estava com os fones de ouvido no último volume e a única coisa que ouvia eram as músicas agitadas, cujas letras incentivavam a rebeldia contra o que chamavam de "hipocrisia dos bons costumes".

Ariane só saiu do quarto quando seu pai chegou de viagem, quase ao final daquele dia, e aboletou-se em seu colo. Na presença de Oswaldo, Estela era mais contida em sua agressividade e a menina ficava bem mais à vontade.

Mais tarde, quando a esposa o chamou para uma conversa muito séria a respeito da educação de Ariane, Oswaldo desconversou:

— Estela, eu tenho certeza de que você consegue resolver todos esses problemas. Disponho de pouquíssimo tempo para ficar com os meus filhos e não gostaria que esse pouco tempo fosse usado para brigar com eles.

Ela engoliu em seco. Teve vontade de mandá-lo para o inferno, mas lhe faltou coragem. No fundo, tinha medo de perder o respeito do marido e, muitas vezes, preferiu calar a alimentar certas discussões com ele. Sentia que, se Oswaldo tivesse que fazer uma escolha entre ela e a filha, possivelmente sairia perdendo.

Capítulo 5

Ninguém é ninguém

"Todos os homens são iguais na balança divina; somente as virtudes os distinguem aos olhos de Deus. Todos os Espíritos são da mesma essência, e todos os corpos foram feitos da mesma massa. Vossos títulos e vossos nomes em nada a modificam; ficam no túmulo; não são eles que dão a felicidade prometida aos eleitos; a caridade e a humildade são os seus títulos de nobreza."

O Evangelho segundo o Espiritismo; Capítulo VII – item 11

Além de Ariane, a irmã era outra pessoa que conseguia tirar Estela do sério com muita facilidade. Estela tinha a impressão de que muitas das atitudes de Joana possuíam o objetivo de humilhá-la. A impressão que tinha era a de que a irmã mais velha queria provar o tempo todo que a sua maneira de educar os filhos estava errada.

Uma noite, passavam das 21 horas, Oswaldo estava assistindo a uma peça teatral da escola, na qual Ariane interpretava papel de destaque. Como sempre fazia, Estela inventara uma desculpa para não ir. Disse que precisava conversar urgentemente com a Joana e foi para a casa dela.

Henrique estava participando de uma reunião espiritual, coisa que Estela não fazia a menor questão de saber o que era. Partindo daquele casal que para Estela era tão iludido, só podia ser mais uma das tantas idiotices que os dois viviam inventando, pensou ela.

As duas estavam tomando chá e conversando, enquanto o Willian assistia a alguma coisa na TV. De repente, ouviram o toque da campainha e, antes que Joana fosse atender, o menino se levantou apressado:

— Deixa, tia. Eu atendo para a senhora.

As irmãs continuaram conversando. O menino retornou em poucos segundos e, sem dizer nada, sentou-se e voltou a se concentrar na TV.

— Quem era? – perguntou Joana.

Willian, sem tirar os olhos do que estava assistindo, respondeu:

— Ninguém, tia.

Ela se levantou.

— Como assim, ninguém? Eu ouvi claramente a campainha tocar. Você não ouviu, Estela?

Antes que a outra respondesse, o garoto completou:

— O que eu quis dizer, tia, é que não era ninguém importante. Era só um mendigo, mas eu já o despachei.

Joana colocou as duas mãos na cabeça, numa atitude surpreendente.

— O quê? Um pedinte? E você o despachou? Ah, meu Deus!

E saiu correndo em direção à varanda, gritando:

— Moço! Moço! Por favor, volte aqui...

Ouviu-se o barulho do portão sendo aberto. Ela correu para a rua e os seus gritos ecoaram ainda mais alto:

— Moço! Moço! Volte aqui! Por favor, volte!

Passaram-se alguns segundos e logo se travou um diálogo entre Joana e alguém que respondia com uma grave voz masculina. Estela aguçou os sentidos, mas não conseguiu compreender o que falavam. Logo depois, a irmã entrou apressada. Ao passar por Estela, comentou:

— Perdoe-me, minha irmã! Só um segundinho e já continuamos a nossa conversa.

Abriu a geladeira, retirou três panelas e as colocou sobre o fogão. Esquentou arroz, feijão, legumes e fritou um bife. A seguir, encheu uma vasilha de comida e dirigiu-se à varanda. Quando passou pela sala, disse:

— Eu já volto, Estela.

No portão, Joana disse alguma coisa que foi respondida pelo pedinte, num tom Lamurioso:

— Deus abençoe a senhora e toda a sua família!

E ela retribuiu com voz adocicada:

— Amém! Vá com Deus, meu senhor! Vá em paz!

Quando Joana retornou, aproximou-se do Willian que continuava distraído com a TV. Chamou-o perto de si, ajoelhou-se diante dele, colocou as duas mãos sobre os ombros do menino e, olhando fixamente em seus olhos, disse:

— Willian, nunca diga que um pedinte não é ninguém, meu filho! Para Deus, todas as pessoas são importantes. Todas têm o mesmo valor.

O menino acenou com a cabeça, sorrindo e concordando com a tia. Aquela cena deixou Estela muito incomodada. Ela não gostou nem um pouco de ver a irmã dando uma lição de moral em seu filho e reagiu:

— Joana, você não precisa falar desse jeito com o Willian! Fique sabendo que ele recebe todas as orientações necessárias à sua educação.

A irmã se levantou, olhou com serenidade para Estela e disse:

— Desculpe, minha querida, mas eu não podia deixar de ensinar isto a ele...

— Ensinar o quê? Que Deus existe e que nos fez à semelhança d'Ele? Mas que semelhança, se Ele nem se dá ao trabalho de mostrar como é?

— Estela...

— Pior ainda - prosseguiu a outra. — Um Deus que nos fez iguais aos mendigos? Aos leprosos? Aos vagabundos, criminosos e prostitutas? É isso que você quer dizer?

— Calma, minha irmã...

— Calma? Você se acha no direito de enfiar na cabeça do meu filho essas asneiras, que o pamonha do seu marido fica inventando, e me pede calma?

Pegou Willian pelo braço e foi saindo indignada da casa da irmã. Mas estava tão irritada, que não poderia ir embora sem humilhá-la.

— Se o seu Deus é tão bom, então por que não lhe deu filhos? Quem sabe se tivesse os seus próprios filhos, você não deixaria os meus em paz, hein!

Joana pareceu se abalar por um segundo, mas logo se recompôs. Lançou para a irmã um olhar de complacência e respondeu com voz inalterada:

— Não tenho filhos, Estela, porque talvez eu não os mereça.

Estela aumentou a dose de ironia.

— Como, não? Logo você, Joana, que é tão moralista e caridosa?

Ela baixou a cabeça e Estela aproveitou para agredi-la um pouco mais:

— Ainda bem que você não tem filhos, Joana! Se tivesse, seria um bando de lunáticos irresponsáveis como você e o palerma do seu marido.

A outra pareceu não se ofender com aquelas ásperas palavras e voltou a pedir desculpas. Estela aproveitou mais aquela chance e sapecou:

— Você já percebeu que pede desculpas demais, Joana? Por que será, hein!? Não será por que ofende demais?

E Estela foi embora com raiva de si mesma. Por que insistia em frequentar a casa daquela fracassada?

Capítulo 6

De costas para o dever

"Merecei as divinas alegrias que Deus concedeu à maternidade, ensinando a essa criança que ela está na Terra para se aperfeiçoar, amar e abençoar. Mas, ah! Muitas dentre vós, em vez de expulsar por meio da educação os maus princípios inatos, provenientes das existências anteriores, entretém e desenvolvem esses princípios, por descuido ou por uma culposa fraqueza."

O Evangelho segundo o Espiritismo; Capítulo VII – item 11

A primeira vez que Ariane se queixou de dor de cabeça, foi na segunda ou na terça-feira e a reação de Estela foi de impaciência. Durante toda a semana, ela havia feito várias reclamações, mas a mãe não dera a menor importância.

Ariane era uma jovem saudável, cheia de vida, e Estela não imaginou que pudesse estar com alguma doença grave. Ela estava com dezessete anos e todos os seus problemas de saúde, até àquela altura da vida, haviam sido alguns resfriados passageiros e eventuais cólicas menstruais; desconfortos físicos comuns da idade.

No sábado à tarde, Estela estava vendo TV, quando a filha mais uma vez se aproximou queixosa:

— Minha cabeça voltou a doer...

A mãe nem se deu ao trabalho de olhar para ela. Estava com a atenção totalmente voltada para um programa de calouros musicais, do qual ela gostava muito.

— Você sabe muito bem onde estão os medicamentos, Ariane. Tome umas gotas de analgésico e vá se deitar. Daqui a pouco essa dor passa.

— Mas mãe...

Estela a fuzilou com um olhar de impaciência e falou, irônica:

— Você não acha que já está bem grandinha para que eu coloque remédio na sua boca?

Ariane cerrou os punhos, olhou para o alto e murmurou alguma coisa que Estela não conseguiu entender.

Depois de se medicar, ela se recolheu em seu quarto e trancou a porta.

Estava começando a anoitecer, depois de um dia extremamente chuvoso. Oswaldo havia viajado para Brasília no início daquela semana, por conta de uma convenção de seu partido político. Willian, que estava cursando faculdade em São Paulo, havia permanecido na capital paulista. Aliás, suas idas para casa aos finais de semana tornavam-se cada vez mais escassas.

Os pais haviam alugado um pequeno apartamento próximo à faculdade e as despesas eram rateadas com mais dois estudantes, também do interior do estado, que moravam com ele.

No início, Willian chegava em casa às sextas-feiras e só retornava para São Paulo no finalzinho da tarde de domingo e, às vezes, adiava a viagem de volta para a segunda-feira de manhã só para permanecer um pouco mais ao lado da mãe.

Durante o período que ficava no interior, estirava-se no colo de Estela, reclamava da poluição da capital paulista e pedia que ela lhe preparasse comidas para levar.

— A única comida boa que se come em São Paulo é pizza – dizia ele, com exagerado sarcasmo.

Estela preparava vários tipos de comida, acondicionava em embalagens separadas, colocava tudo numa sacola térmica para que ele não deixasse de se alimentar saudavelmente.

Com o tempo, as visitas foram se amiudando. Ou ele aparecia rapidamente e voltava logo a São Paulo, ou telefonava na quinta ou sexta-feira para avisar que não iria viajar para o interior.

As justificativas eram de todo tipo: ficaria estudando para a prova; iria ao aniversário de um colega da faculdade; estava se sentindo cansado demais... E, assim, ficava mais de um mês sem aparecer.

Inicialmente, Estela ficou muito aborrecida e chegou até mesmo a brigar com ele, mas, com o tempo, foi se acostumando com a ideia de que os filhos são mesmo criados para o mundo e não para os pais.

— Ao que parece, o Willian aprendeu a gostar de pizza – ela dizia para si mesma, fingindo conformismo, mas remoendo o azedume de quem se sente traído.

Depois de ter despachado Ariane, Estela ficou vendo TV até o momento em que o sono a obrigou a ir para a cama. Ao passar em frente ao quarto da filha, viu uma réstia de luz projetada por uma fresta que havia embaixo da porta e julgou que ela estivesse lendo ou conectada à Internet, coisa que costumava fazer até altas horas da madrugada.

Foi dormir sem a menor preocupação, pensando apenas em preparar um belo almoço, no domingo, já que o Oswaldo deveria chegar um pouco antes do meio-dia.

No dia seguinte, o marido realmente voltou de viagem no final da manhã. Abraçou Estela e a beijou entusiasmado, cheio de novidades a respeito de seu futuro político. Com mais de vinte anos de casados e a vida cheia de compromissos, é natural que já não tivessem uma relação afetiva muito intensa. Mas existia ainda uma boa centelha do romântico sentimento que no passado os conduzira ao altar.

Oswaldo deixava fluir essas manifestações afetivas principalmente nos momentos de entusiasmo, quando conquistava algo importante em sua carreira política. Naquele dia estava especialmente feliz, pois fora decidido na convenção do partido que ele seria um dos candidatos a deputado estadual nas próximas eleições.

Mais uma vez, Estela sentiu um imenso orgulho do marido e, como não poderia deixar de ser, voltou a lamentar a pouca sorte da irmã, ao se casar com o pamonha do Henrique. Embora estivesse cada vez mais convencida de que os dois se mereciam.

Só quando Oswaldo perguntou por Ariane foi que Estela se lembrou de que ela estava dormindo além do normal. A filha era muito irrequieta; tinha o hábito de acordar cedo, mesmo aos domingos, e dificilmente ficava em casa nesses dias. Havia sempre alguma atividade no teatro, uma festinha ou um passeio com os colegas.

— Ela foi para a cama se queixando de dor de cabeça, ontem à noite – respondeu a mulher sem se descuidar das panelas que estavam no fogo.

— Dor de cabeça?

— Sim. Na verdade, está reclamando desde o início da semana, mas eu sei que é tudo manha. A Ariane não pode me ver quieta, que logo arranja um jeito de me tirar o sossego.

— Tem certeza de que é manha? Nossa filha não é de se queixar à toa.

— Fique tranquilo. Você diz isto porque não a conhece como eu conheço. Já deve ter melhorado. Eu disse para ela tomar um remédio e ir dormir, que a dor passava. Pelo jeito passou mesmo.

— Você não acha melhor acordá-la?

— Vou fazer isso, assim que terminar o almoço. Não se preocupe.

Oswaldo sentou-se, abriu sua maleta sobre a mesa da copa e começou a remexer nuns papéis. Mas, de repente, levantou-se num movimento tão brusco que chamou a atenção de Estela.

— O que houve? – perguntou a esposa.

Ele franziu a testa e respondeu com outra pergunta:

— Você ouviu alguma coisa?

— Não. O que foi?

— A Ariane... Eu ouvi a voz dela me chamando, pedindo socorro.

Disse isto e correu até o quarto da filha. Bateu várias vezes na porta, mas não obteve resposta. Então começou a chamá-la aos gritos.

Irritada com toda aquela barulheira, Estela desligou o fogão e, secando as mãos num pano de prato, foi ver o que estava acontecendo.

— Mas que escândalo é esse, Oswaldo?

Ele estava com um semblante tenso.

— Tem alguma coisa errada acontecendo, Estela. A Ariane não me responde...

— Deixa comigo - ela disse, empurrando-o com o ombro.

Estela começou a esmurrar a porta.

— Ariane, abra esta porta! Abra logo!

Não ouviram nenhum ruído dentro do quarto.

— Ela deve estar com aqueles malditos fones de ouvido ligados no último volume, ouvindo aquelas músicas horrorosas - disse Estela, enfurecida.

Sem falar nada, Oswaldo se ausentou por uns segundos e retornou com uma alavanca de ferro.

— O que é isso? - perguntou a mulher, contrariada. — Você vai arrombar a porta?

Ele a olhou muito sério.

— Não tem outro jeito.

Ela quis contestar; pedir que ele esperasse um pouco mais. Afinal, iria estragar uma porta caríssima... Mas o marido não lhe deu a menor chance de argumentar. Enfiou a ferramenta pela fresta que havia embaixo da porta e começou a forçá-la para dentro. Logo, ouviu-se o estalo do trinco se rompendo e a luz invadiu o quarto em penumbras.

Capítulo 7

A vida chama à razão

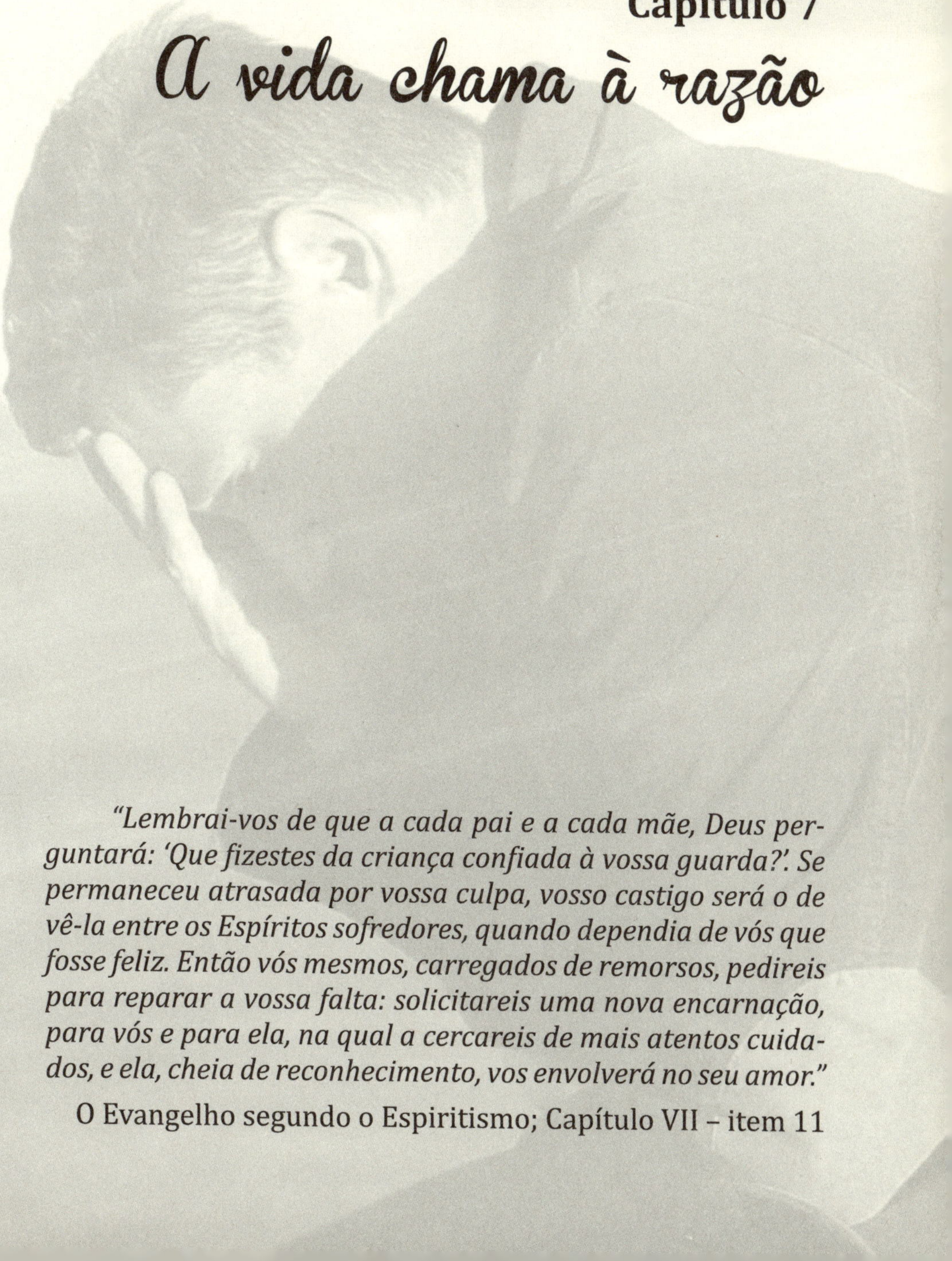

"Lembrai-vos de que a cada pai e a cada mãe, Deus perguntará: 'Que fizestes da criança confiada à vossa guarda?'. Se permaneceu atrasada por vossa culpa, vosso castigo será o de vê-la entre os Espíritos sofredores, quando dependia de vós que fosse feliz. Então vós mesmos, carregados de remorsos, pedireis para reparar a vossa falta: solicitareis uma nova encarnação, para vós e para ela, na qual a cercareis de mais atentos cuidados, e ela, cheia de reconhecimento, vos envolverá no seu amor."

O Evangelho segundo o Espiritismo; Capítulo VII – item 11

A cena com que se depararam foi simplesmente estarrecedora. Ariane estava caída no chão, ao lado da cama, em meio a uma poça de vômito. Um cheiro azedo e nauseabundo impregnava todo o cômodo. Oswaldo correu para acudi-la, enquanto Estela abria a janela para que entrasse ar. A moça estava totalmente pálida e respirava com muita dificuldade. O pai a abraçou, desesperado, dando leves tapas no rosto dela.

— Ariane! Ariane! Fala comigo! Por favor, fala comigo! - colocou a mão na testa dela. — Meu Deus, ela está queimando... Deve estar com uma febre altíssima!

Como Ariane não esboçasse qualquer reação, Oswaldo a ergueu do chão e saiu correndo porta afora, com a filha no colo.

Embora tenha acompanhado o marido e a filha ao hospital, Estela não conseguia entender o que se passava em seu coração. A impressão que tinha era a de que se encontrava imobilizada. Em momento algum se sentiu invadida por qualquer sentimento de desespero, remorso ou compaixão. Naturalmente, não estava feliz com os acontecimentos, mas também não conseguia demonstrar o desespero que seria de se esperar de uma mãe amorosa.

Nenhuma lágrima lhe saltou dos olhos. Ela estava fria e, no fundo, custava a acreditar que a situação fosse mesmo tão grave. Alguma coisa continuava a lhe dizer que tudo aquilo não passava de uma convincente encenação teatral de Ariane; uma forma cruel de lhe criar problemas e de chamar para si a atenção do pai.

No hospital, depois de quase duas horas de expectativa, foram informados de que Ariane apresentava um gravíssimo quadro de meningite.

— A meningite é um processo inflamatório das membranas que envolvem o cérebro e a medula espinhal. Ela pode ser causada por diversos agentes infecciosos, de modo que é praticamente impossível saber como a filha de vocês adquiriu a doença – explicou o médico.

Oswaldo estava com os olhos vermelhos, pois não conseguira parar de chorar desde o momento em que acudira a filha, no quarto dela. Sua pergunta foi praticamente uma súplica:

— Mas ela não vai morrer, não é?

O doutor Epaminondas, amigo de infância do pai de Ariane, ficou visivelmente embaraçado. Não queria aumentar o sofrimento daquele homem desesperado, mas também não podia mentir.

— Tudo o que posso lhe dizer é que a vida da sua filha está nas mãos de Deus. Por favor, procure se acalmar...

— Acalmar-me? Não! Eu não quero me acalmar. Quero salvar a vida dela!

— Confiemos em Deus...

— Deus? Você está colocando a vida da minha filha nas mãos de Deus? Deus é uma incógnita, meu amigo. Quer dizer que a medicina não pode fazer mais nada para salvá-la?

— Quer dizer que nós vamos fazer tudo o que estiver ao nosso alcance para salvar a vida da Ariane, Oswaldo.

Mas, infelizmente, é uma enfermidade muito delicada da forma como se apresenta. Se tivesse sido descoberta numa fase mais inicial...

Ao ouvir aquilo, Estela sentiu um calafrio. Lembrou-se de que Ariane havia iniciado as reclamações sobre as dores de cabeça no início da semana e em nenhum momento a levara a sério.

— Pelo jeito, ela ficou inconsciente durante muitas horas... - disse o médico.

— Não! - protestou Oswaldo. — Pelo contrário. Eu a ouvi me chamar poucos minutos antes que eu arrombasse a porta do quarto dela. Estava pedindo que eu a socorresse.

O médico o olhou muito sério.

— Desculpe-me, meu amigo! Não pretendo chamá-lo de mentiroso, mas isso é impossível. Eu não sei o que aconteceu, mas, pelo quadro que sua filha apresenta, seria impossível ela ter dito qualquer coisa naquele momento. Garanto-lhe que a Ariane ficou inconsciente por várias horas até chegar aqui.

Difícil presumir o que se passou pela cabeça daquele pai desesperado e cético, mas ele abandonou o assunto, pois estava bem mais preocupado em salvar a vida da filha.

— E se eu levá-la para a capital? Para um hospital mais bem aparelhado? E se...

O doutor Epaminondas colocou a mão no ombro dele e o interrompeu.

— Oswaldo, o melhor a fazer agora é deixá-la aqui mesmo. O tratamento que sua filha está recebendo neste momento é muito importante para tentar conter a agressividade da doença. Uma remoção para outra cidade, a essas alturas dos acontecimentos, só vai prejudicá-la ainda mais.

Olhou ternamente para o amigo e concluiu:

— Se houvesse uma alternativa mais eficaz, eu seria o primeiro a sugeri-la. Eu também sou pai e sei o que você está sentindo. Porém, creia-me, em qualquer lugar do mundo a Ariane seria submetida ao mesmo tipo de tratamento que está recebendo aqui.

Oswaldo se deixou cair na poltrona da sala de espera do hospital. Ele sabia que as palavras do amigo eram sinceras e não havia razão para duvidar da competência profissional daquele homem. O doutor Epaminondas era um médico conceituadíssimo.

Estela estava completamente sem ação. Sentou-se ao lado do marido. Quis ampará-lo, acariciando o seu rosto, mas ele não aceitou. Afastou a mão dela e a olhou de um modo enigmático. Somente alguns dias depois Estela ficaria sabendo que aquele olhar estava carregado de ressentimento, mágoa e acusação.

Capítulo 8
Em busca da cura

"O poder da fé se demonstra, de modo direto e especial, na ação magnética; por seu intermédio, o homem atua sobre o fluido, agente universal, modifica-lhe as qualidades e lhe dá uma impulsão por assim dizer irresistível. Daí decorre que aquele que a um grande poder fluídico normal consegue juntar ardente fé, pode, só pela força da sua vontade dirigida para o bem, operar esses singulares fenômenos de cura e outros, tidos antigamente por prodígios, mas que não passam de efeito de uma lei natural."

O Evangelho segundo o Espiritismo; Capítulo 19 – item 5

Após a internação de Ariane, seguiram-se dias de tensão, tristeza e muita expectativa para Oswaldo. Ele praticamente não arredou pé do hospital, adiando por tempo indeterminado todos os compromissos agendados. O estado de saúde da filha alternava momentos de breve melhora com outros de profunda piora e ninguém podia prever o que o futuro lhe reservava. Mas, ainda assim, tornou-se a única prioridade na vida do advogado.

Henrique e a esposa também se mostraram muito solidários naquele período. Joana, desobrigando-se das funções na livraria, ficou quase o tempo todo ao lado do cunhado, confortando-o. Ocorre que a convivência entre Oswaldo e Estela se tornou praticamente impossível depois do adoecimento de Ariane.

O advogado estava inconformado com a atitude da esposa e não fazia a menor questão de que ela permanecesse ao seu lado. Era como se a presença de Estela representasse um mau agouro ao restabelecimento de Ariane. Com Joana ele conseguia desabafar, permitia-se chorar às vezes e confidenciava sentimentos que somente em parte chegavam ao conhecimento de Estela.

Numa das conversas entre Joana e Oswaldo, ela falou a respeito de Firmina, dizendo que ela era uma médium muito conhecida na região.

— Na verdade, a Firmina é a fundadora do único Centro Espírita que existe aqui na cidade e é onde eu e o

Henrique desenvolvemos as nossas tarefas espirituais - explicou ela.

Joana sabia que o cunhado era um homem pragmático demais para acreditar no poder de cura atribuído à mediunidade. No entanto, por se tratar de um momento tão delicado, achou que não custava tentar convencê-lo a pedir ajuda aos Espíritos benfeitores.

— Já que o próprio médico disse que a vida da sua filha está nas mãos de Deus, por que não buscar uma alternativa espiritual? Por que não pedir à Firmina que venha dar uma olhada na Ariane? - perguntou ela, cautelosamente. — Há muita gente que faz isso e, afinal, o que se perde, não é?

— Uma curandeira, Joana? Era só o que me faltava!

— Bem... Na verdade, a Firmina é uma médium. Curandeirismo é um termo pejorativo que não se usa mais, Oswaldo. Principalmente no caso dela, que exerce a sua faculdade mediúnica com o objetivo único de praticar a caridade.

Joana o lembrou dos diversos testemunhos de cura que se tornaram conhecidos naquela região, todos imputados à intervenção da tal mulher.

— São muitos os depoimentos de pessoas sérias a respeito do dom de cura que a Firmina possui. Eu mesma já presenciei alguns casos, lá no Centro Espírita.

Oswaldo continuava relutante. Gostava demais da cunhada para duvidar de sua palavra, mas a verdade é que não conseguia acreditar em nada daquilo.

Pacientemente, Joana foi vencendo a resistência dele. Fazendo-o ver que nada tinham a perder e que a atitude de recorrer à médium era apenas mais uma prova de que tudo estava sendo feito para salvar a vida de Ariane.

Meio convencido, meio relutante, Oswaldo quis ouvir a opinião do doutor Epaminondas a respeito do assunto. Procurou-o um tanto constrangido na sala de consultas e comentou:

— Meu amigo, minha cunhada Joana está sugerindo que eu traga uma médium chamada Firmina para tratar a Ariane...

Antes que ele terminasse a frase, foi surpreendido pela resposta do médico.

— Eu conheço a dona Firmina, Oswaldo, filha do seu Romão Verdureiro. O pai dela entregava verduras na casa dos meus pais e às vezes ela ia junto. À época, eu era bem criança, Firmina já era uma mulher feita, e se ouvia falar muito sobre o dom de cura que ela possui.

Oswaldo olhava para o amigo com incredulidade.

— E você acredita nisto? Acha que alguém pode mesmo ter o dom de curar?

Epaminondas sorriu de um modo estranho.

— O meu lado racional gostaria muito de negar; dizer que tudo isso não passa de superstição, autossugestão, ilusão e coisas desse tipo, mas...

Oswaldo não teve paciência de esperar que ele concluísse. Estava ansioso demais para ouvir a resposta.

— Mas, o quê? O que você sabe sobre isto?

— Eu presenciei uma dessas curas.

— Você? Está falando sério?

Epaminondas o encarou por um segundo. Depois sorriu levemente e fechou os olhos, como se estivesse viajando no tempo.

— Mais até do que testemunhar o ato, meu caro; eu fui curado pela dona Firmina.

— Como assim? E quando foi que isto aconteceu?

— Eu tinha por volta de seis anos. Era o caçula dos irmãos. Sempre fui uma criança muito inquieta e adorava me envolver em aventuras. Na casa onde morava, havia um bambueiro no fundo do quintal, onde eu e meus irmãos brincávamos de esconde-esconde. Um dia, resolvi ficar camuflado entre as folhas secas que caíam do bambuzal e que formavam um monturo de quase um metro de altura. Achei que era o esconderijo perfeito para só ser encontrado quando bem quisesse. O problema é que uma urutu enorme, que é uma cobra extremamente venenosa, tivera a mesma ideia e não gostou de compartilhar o espaço comigo.

Epaminondas levantou a barra da calça e mostrou uma pequena cicatriz na perna, próxima ao tornozelo.

— Fui picado bem aqui e em questão de minutos já sentia os efeitos do veneno em minha corrente sanguínea. Naquela época, os recursos de atendimento médico eram muito precários na região e os acidentes ofídicos, dependendo da ferocidade do réptil, terminavam sempre em óbito. Eu não me lembro de muita coisa, a não ser da dor terrível que senti e do desespero que tomou conta da minha família. Mergulhei numa escuridão total e assim permaneci por um longo período. Não sei quanto tempo depois, uma pequena réstia de luz foi se formando em meio àquele breu que havia tomado conta da minha mente e começou a se ampliar. Foi crescendo e crescendo até espantar completamente a escuridão que havia se apossado de mim. Eu pensei que haviam se passado alguns minutos, mas aquele sofrimento havia durado três dias. O primeiro rosto que vi ao abrir os olhos foi o da filha do verdureiro.

Oswaldo ouvia tudo numa expectativa silenciosa.

— Como lhe disse, eu era muito novo e não lembro bem dos detalhes, mas minha mãe passou a vida inteira me dizendo que eu estava praticamente morto quando Firmina e o pai dela chegaram para entregar as verduras. Que se saiba, até então, ninguém havia sobrevivido à picada de uma urutu em toda a região.

O doutor Epaminondas foi interrompido por leves batidas na porta e disse à pessoa que entrasse. Uma enfermeira adentrou a sala com uns papéis que precisavam ser assinados. Assim que ela saiu, ele retomou a narrativa, para satisfação do advogado, que se encontrava ansioso para ouvir o final da história:

— Conforme eu lhe dizia, Oswaldo, enquanto meu pai conversava com o verdureiro, explicando-lhe o ocorrido e já lamentando a morte do filho caçula, dona Firmina, sem que ninguém pedisse, foi direto ao meu quarto e começou a fazer uns movimentos com as mãos sobre o meu corpo, enquanto orava baixinho, de olhos fechados. Minha perna já estava ficando escura e eu mal conseguia respirar.

A ansiedade de Oswaldo extravasou e ele pediu que o médico terminasse logo aquela história.

— Então a tal Firmina conseguiu curá-lo - disse, tentando encurtar a narrativa.

Mas o doutor Epaminondas era um homem sossegado e parecia querer dar à história uma grande importância. Prosseguiu do seu modo sereno e com uma boa dose de dramaticidade.

— Mas não foi assim tão fácil, meu amigo. A filha do verdureiro montou sentinela ao meu lado durante três dias e três noites. Nesse período, fez jejum absoluto, orou muito e, segundo me disseram, de hora em hora molhava-me os lábios com o líquido esbranquiçado que havia num cantil que ela sempre carregava dentro de um embornal de couro. A partir do segundo dia, fui-me restabelecendo; minha perna foi readquirindo a cor natural e, no amanhecer do quarto dia, acordei morrendo de fome. Já não tinha febre nem dor, restando apenas um ferimento inflamado no local da picada. Daí por diante, foi só aplicar sobre a ferida um unguento que a própria Firmina forneceu e minha saúde se restabeleceu.

Oswaldo fez um ar de desconfiança.

— E você acredita que foi isto mesmo que aconteceu?

Epaminondas o olhou sério.

— Por que minha mãe inventaria uma história dessas? Ela dizia que eu devia a minha vida à Firmina e passou a venerá-la, como se a filha do verdureiro fosse uma santa. E não foi somente ela. Meu pai e meus irmãos também confirmaram tudo o que aconteceu e contavam sempre a mesma história, nos mínimos detalhes. Minha família era de uma religião rigorosa que condenava o que chamavam de curandeirismo. Mas, depois do que aconteceu comigo, entraram em conflito e acabaram até abandonando a igreja. Do ponto de vista religioso, eles não conseguiam conceber aquele fenômeno, mas, pelo lado prático, não podiam negá-lo.

Oswaldo pigarreou.

— Desculpe, meu amigo! Não estou duvidando da honestidade da sua família... É que...

— É que é muito difícil acreditar nessas coisas, não é mesmo, Oswaldo? Eu também penso assim. Foi por isso que eu disse que o meu lado racional rejeita essa ideia. Mas como posso negar a existência de um fato que me beneficiou? Que me restituiu a vida? Além disso, há várias histórias de curas espirituais por este mundo afora. Há os chamados médiuns que dizem receber auxílio de médicos mortos, de entidades espirituais benfeitoras... Enfim, de pessoas de bem que estão materialmente mortas, mas que, em Espírito, continuam trabalhando.

— E pelo jeito você acredita mesmo nessas coisas...

— É como eu lhe disse. Não tenho uma opinião totalmente formada a respeito do assunto e não sei até onde defenderia essa tese, mas não posso negar o que aconteceu comigo.

— Então você acha que eu devo chamar a Firmina para ver a minha filha?

O doutor Epaminondas abriu os braços com as mãos voltadas para cima, num gesto de incentivo.

— Oswaldo, você é o pai dela! Faça o que achar necessário. Ninguém vai impedir a entrada de dona Firmina aqui no hospital. Mesmo se não concordássemos com esses métodos de cura, nós não iríamos interferir em nada.

E a seguir, completou:

— Apenas mantenha a porta do quarto fechada e peça discrição a essa senhora. É sensato manter essas coisas em sigilo aqui dentro.

Capítulo 9

Que santa, que nada!

"A fé é o sentimento inato dos destinos futuros do homem; é a consciência que ele tem das faculdades imensas depositadas em gérmen no seu íntimo, a princípio em estado latente, e que lhe cumpre fazer que desabrochem e cresçam pela ação da sua vontade."

O Evangelho segundo o Espiritismo; Capítulo XIX – item 12

Firmina era uma mulher de origem humilde, que chegou àquela região no alvorecer da vida. Procedia de um lugarejo ignoto no interior do nordeste. Órfã de mãe desde os primeiros meses de vida, teria feito a longa viagem junto com o pai, que se chamava Romão. O genitor buscava uma condição menos sacrificante, já que a localidade onde nascera estava sofrendo uma seca terrível à época.

Inteligente e trabalhador, o nordestino não teve dificuldade de se adaptar à nova vida. Com algumas economias que levara consigo e dois anos trabalhando como meeiro, numa fazenda, adquiriu um pequeno sítio onde passou a cultivador hortaliças que, acondicionadas em balaios, numa pequena charrete, eram vendidas pelas ruas da cidade.

A atividade econômica acabou lhe rendendo um complemento nominal e ele se tornou conhecido como Romão Verdureiro. Naturalmente, a vida de pequeno agricultor não o enriqueceu, mas o pai de Firmina conseguiu viver com relativa tranquilidade financeira, juntamente com a filha, que era o seu grande mimo e que vivia grudada a ele.

Os comentários sobre as faculdades curadoras de Firmina originaram-se da seguinte forma: Romão Verdureiro tinha o hábito de caçar pequenos animais silvestres nas matas que circundavam aquele município, numa época em que essa prática não era proibida ou, pelo menos, coibida pelas autoridades florestais.

Conta-se que num final de tarde, após ter passado todo o dia caçando, ele trouxera das matas um pequeno veado-campeiro que havia sido abatido com um tiro fatal no pescoço. O projétil havia provocado uma ferida profunda, seguida de abundante hemorragia, não dando à presa aparentemente qualquer chance de sobrevivência. Transportado na garupa da mula, o animalzinho foi jogado no quintal da casa do caçador, embaixo de uma goiabeira, onde havia uma bica d'água e um coradouro. Era ali que o verdureiro costumava limpar e salgar as suas caças.

Enquanto ele entrou em casa para apanhar as facas e a machadinha com que iria esquartejar o veadinho, Firmina, que à época tinha oito anos de idade, sentou-se ao lado do animal e começou a acariciar aquele corpo sem vida. Seu semblante estava triste, os olhos lacrimosos e o coração tomado de compaixão por aquele bichinho tão indefeso.

Ela não conseguia compreender a razão daquelas mortes violentas promovidas pelo pai. Desde pequenina, sempre fora vegetariana. Se, por insistência do genitor, comesse qualquer pedacinho de carne, passava muito mal com sintomas de vômitos, diarreia e febre altíssima.

Quando voltou com as ferramentas, o caçador viu uma luz tão forte envolvendo a menina, que sua vista foi completamente ofuscada. Meio cego e desesperado, achando que havia um incêndio no corpo da filha, começou a gritar para alguém socorrê-la, já que ele, paralisado pelo susto, mal conseguia se mover. Mas não havia ninguém por perto e não lhe restou alternativa a não ser deixar o fenômeno seguir seu curso.

Quando a visão do verdureiro foi lentamente voltando ao normal, ele pôde enxergar o que acontecia e a cena que viu deixou-o estarrecido. O veadinho estava de pé ao lado de Firmina e bebia água nas mãozinhas dela. Havia uma claridade leitosa envolvendo os dois, à imitação de uma redoma protetora. A água empoçada nas mãos em concha da menina também possuía aquela mesma aparência esbranquiçada, em vez da transparência cristalina da que se projetava da bica do coradouro.

Romão procurou com olhos aflitos a ferida letal com o sangue coagulado que ela havia provocado no pescoço do animal, mas não havia mais ferimento algum. No lugar dele, havia apenas uma saliente cicatriz arroxeada lembrando o desenho de uma pétala de rosa.

E a história terminava aí, complementada apenas pela informação de que o homem pegou o veadinho no colo e, tomado de emoção e medo, levou-o e o libertou na mata. Depois daquele dia, abandonou as caçadas, aposentou a espingarda e, seguindo o exemplo da filha, tornou-se vegetariano.

Se a história era verídica, não dava para saber. A verdade é que Firmina se tornou conhecida pelo dom de curar enfermos com o toque ou imposição de suas mãos, fossem pessoas ou animais, e de ministrar aos doentes aquele líquido esbranquiçado que operava verdadeiros milagres.

Firmina tinha uma presença muito marcante. Seus olhos, de um azul claríssimo, eram translúcidos e serenos. Sua voz soava sempre com mansuetude, em tom moderado e apaziguador. Tinha o corpo mirrado, magro demais, a pele excessivamente branca e o rosto de um semblante que mesclava sabedoria, paciência e humildade. Ela nunca se casou e, que se saiba, nem namorados teve.

Dentre as muitas faculdades mediúnicas da filha do verdureiro estava a clarividência. Ela era capaz de descrever minuciosamente a aparência de um ente querido morto que estivesse precisando se comunicar com seus familiares, mesmo que nunca o tivesse visto em vida. Mas somente o fazia quando se tratava de assuntos relevantes. Firmina costumava dizer que há muita gente "do lado de lá" com tempo de sobra para jogar conversa fora.

Muitos moradores daquela região tinham depoimentos emocionados para dar a respeito de suas faculdades especiais, principalmente no que concernia a curar crianças e filhotes de animais domésticos. Para muitos, ela era uma santa que havia descido à Terra com a missão de ajudar o próximo, trazendo o seu bondoso coração e a generosidade de sua alma para abrandar o sofrimento alheio.

Mas quando esses comentários chegavam aos ouvidos dela, Firmina sorria com brandura, expondo uns dentinhos miúdos, quase infantis, e dizia apontando para o alto:

— Que santa, que nada! Os santos estão no céu, meus irmãos! Aqui na Terra estamos nós, simples pecadores, a expiar os nossos erros passados.

Capítulo 10
O ontem no hoje

"Os médiuns são os intérpretes dos Espíritos; suprem, nestes últimos, a falta de órgãos materiais pelos quais transmitam suas instruções. Daí vem a causa de serem dotados de faculdades para esse efeito. (...) há-os por toda a parte, em todos os países, em todas as classes da sociedade, entre os ricos e os pobres, entre os grandes e os pequenos, a fim de que em nenhum ponto faltem e a fim de ficar demonstrado aos homens que todos são chamados."

O Evangelho segundo o Espiritismo – Capítulo XIX – item 4

Conduzida ao quarto do hospital onde Ariane estava internada, Firmina se aproximou do leito e, de olhos fechados, pareceu ter entrado numa espécie de transe. Por intermédio de sua dupla visão, reparou numa presença espiritual à cabeceira da enferma. Tratava-se de uma jovem muito bonita que, apesar de estar sorrindo, tinha um semblante pesaroso e revoltado.

— Olá! Posso saber quem é você? - perguntou Firmina, mentalmente.

— Meu nome é Catarina. Ou, se preferir, pode me chamar de Ariane. Para mim, tanto faz.

— Como assim? - indagou a médium, um pouco confusa. — Seu nome é Catarina ou Ariane?

A moça parou de sorrir e explicou:

— A Ariane de hoje foi a Catarina de ontem. Mas a Catarina de ontem não quer ser mais a Ariane de hoje, entendeu?

Então Firmina deduziu que Catarina era a Ariane na encarnação passada. Havia alguma semelhança em seus traços fisionômicos, embora Catarina fosse ainda mais bonita que a filha de Oswaldo e Estela. Os trajes que ela usava eram elegantes e antigos, e o corte do cabelo também lembrava as mulheres de um tempo passado.

— Como se sente? - indagou a médium. — Eu posso ajudá-la?

— Pode sim. Não estou me sentindo muito bem, por causa do sofrimento desse homem - disse apontando para o Oswaldo. — O desespero dele não está ajudando muito, sabe? Faz-me sentir mal.

— Ele é seu pai. É natural que esteja sofrendo...

— Ele não é meu pai! – respondeu a moça com rispidez. — É o pai da Ariane.

Nesse momento, Firmina viu um homem sisudo, portando um chicote, aproximar-se de Catarina. Ela enlaçou o braço na cintura dele e disse:

— Este aqui é o único pai que eu tenho! Ele se chama Virgolino e me ama de verdade. Sempre me protege e não vai deixar ninguém me fazer mal de novo, como fez a maldita mulher desse sujeito aí – disse apontando novamente para o Oswaldo.

— Ela é a sua mãe – exclamou Firmina, um pouco mais firme. — Os filhos devem respeitar os pais...

— Mãe? – debochou Catarina, gargalhando raivosamente. — Uma serpente consegue ser melhor mãe do que aquela coisa! Sabia que é por culpa dela que eu... Quer dizer, que a Ariane está quase morta?

Quando Firmina ia responder, usando palavras que pudessem pacificar o coração daquele Espírito tão revoltado, o tal sujeito que trazia o chicote na mão encarou-a com os olhos cheios de ódio.

Firmina sentiu um forte arrepio, desconcentrou-se da visão mediúnica e voltou a si. Apenas dois minutos haviam se passado desde que o diálogo mental se iniciara.

Oswaldo e Joana a observavam, expectantes e, assim que se recompôs, a médium falou para o advogado:

— A Catarina pediu para o senhor não ficar triste demais. Ela falou que as suas lágrimas de desespero não estão ajudando em nada.

Oswaldo a olhou com desconfiança.

— Catarina? Eu não conheço nenhuma Catarina, minha senhora!

Firmina sorriu constrangida. Havia cometido uma falha grave, o que certamente comprometeria a sua credibilidade com aquele homem já tão cético.

— Desculpe! Eu quis dizer Ariane. Foi ela que pediu para lhe transmitir o recado.

Oswaldo perguntou com um sorriso de afronta:

— Tem certeza de que a senhora falou mesmo com a minha filha?

— Absoluta! Isso não é maravilhoso?

Oswaldo continuava encarando a médium. Estava confuso, ansioso e, de certo modo, frustrado.

— De que jeito a senhora falou com ela? A Ariane está em coma... Eu não ouvi conversa alguma entre vocês...

— Ela falou comigo do mesmo modo como chamou pelo seu nome, um pouco antes que o senhor arrombasse a porta do quarto dela.

Esta mensagem lhe fora passada de súbito, via mental, e Firmina, embora sem ter certeza de que era verdadeira, não deixou passar a oportunidade de tentar surpreender o advogado e resgatar a confiança perdida por conta do nome equivocado de sua filha. E Oswaldo realmente levou um susto. Como a médium teria obtido aquela informação? Não havia falado nada com ela sobre aquilo.

Percebendo o baque que a informação lhe causara, Firmina sorriu com brandura e disse:

— Doutor Oswaldo, acredite, eu conversei intimamente com a sua filha. Foi uma conversa espiritual, de alma para alma.

Ele ameaçou dizer qualquer coisa, ficou procurando as palavras, mas a mulher o interrompeu sem perder a calma.

— Infelizmente, o corpo da sua filha está mesmo muito enfermo, mas em Espírito ela está lúcida e sente as vibrações negativas do seu sofrimento e da sua angústia.

— Como assim? O corpo dela... A alma dela... O Espírito dela... A senhora vai dividir a Ariane em quantas partes? – ironizou.

Firmina o olhou com profunda serenidade.

— Acredite ou não, a sua filha está muito preocupada com o senhor.

Ele não conseguiu conter um riso caricato, carregado de ironia.

— Essa é muito boa, minha senhora! A Ariane está preocupada comigo. Como se o doente aqui fosse eu e não ela...

— E por que não? – questionou Firmina. — A condição de se estar doente ou saudável, muitas vezes, depende do ponto de vista de como encaramos a questão, doutor Oswaldo. Há pessoas saudáveis fisicamente, porém espiritualmente enfermas; assim como há pessoas muito doentes no corpo e bastante saudáveis no Espírito.

— *Xiiii*... Isto está ficando cada vez mais confuso! – ironizou novamente.

Firmina explicou:

— Estou dizendo, doutor Oswaldo, que aqueles que não aceitam os desígnios de Deus, nos quais se incluem a doença e a morte física, ou que não os encaram com naturalidade, costumam adquirir uma grave doença chamada inconformismo. O senhor está se deixando contagiar por essa enfermidade.

Oswaldo não estava mesmo entendendo nada daquela conversa. Foi com irritação e num tom de desafio que perguntou:

— Quer dizer então que a senhora não tem meios de curá-la? Quer dizer que a minha filha vai mesmo morrer?

— A vida da Ariane está nas mãos de Deus, doutor Oswaldo! Assim como os profissionais que estão cuidando dela, eu farei o que puder, mas não dá para garantir a cura. O senhor precisa ter fé, confiar na providência divina.

— E eu confiaria - respondeu ele, abandonando o ar irônico e imprimindo à voz um tom melancólico. — Confiaria em Deus, se a minha filha não estivesse morrendo. Mas não consigo confiar em algo ou alguém que as pessoas dizem ser tão poderoso, mas que deixa uma pessoa adoecer e morrer em plena juventude.

Firmina estirou os lábios.

— Há muita coisa que eu poderia lhe dizer sobre tudo isso, doutor Oswaldo, mas pelo jeito seria perda de tempo. O senhor é do tipo que só acredita no que vê, não é?

Ele baixou a cabeça sem responder nada. Naquele momento, foi como se caísse a máscara do homem resistente e irônico que demonstrava ser. Lágrimas grossas escorreram de seus olhos. Oswaldo parecia querer acreditar em tudo aquilo. Queria ter a certeza de que Ariane estava segura nas mãos do Deus misericordioso que as religiões apregoam, mas não conseguia. Não tinha muita vocação para a fé que o doutor Epaminondas, Joana, Henrique e Firmina demonstravam ter.

Firmina perguntou se podia cuidar de Ariane, mas Oswaldo não soube o que dizer. Foi Joana que respondeu prontamente:

— Foi para isso que a chamamos, Firmina. E gostaríamos muito que você ajudasse a Ariane, por favor!

A médium sorriu para Joana, retirou de dentro de um embornal o cantil que sempre carregava consigo e aproximou-se da enferma. Oswaldo deixou o quarto, pedindo à cunhada que permanecesse ali, pois percebeu que a sua presença não iria ajudar em nada.

Capítulo 11
Conceitos e preconceitos

"As provas, no entanto, chovem-lhes ao derredor; por que fogem de observá-las? Da parte de uns, há descaso; da de outros, o temor de serem forçados a mudar de hábitos; da parte da maioria, há o orgulho, negando-se a reconhecer a existência de uma força superior, porque teria de curvar-se diante dela."

O Evangelho segundo o Espiritismo – Capítulo XIX – item 7

A doença de Ariane deveria ter representado um sofrimento imenso para Estela, mas não foi o que ocorreu. Seus choros de desespero, que levou muita gente a acreditar que era por causa da filha, na verdade representava a autopiedade que começava a envolvê-la. A esposa de Oswaldo estava com pena de si própria, pois pressentia que a partir daquele episódio a sua vida nunca mais seria a mesma.

Oswaldo, apesar de extremamente abalado, não aceitou qualquer tipo de consolo que a esposa lhe oferecesse. Por uma questão de civilidade, manteve-se discretamente ao lado dela durante aquela fase terrível, mas sem qualquer demonstração de afeto.

Aquela era a causa do desespero de Estela. Restou-lhe o consolo do Willian, o seu carinho, a sua atenção e até mesmo a solidariedade de chorar junto com a mãe. Talvez também ele acreditasse que aquele pranto fosse por Ariane. Mas o rapaz estava passando por um momento muito atribulado nos estudos e logo teve de retornar à capital. Estela nunca se sentiu tão solitária em toda a sua vida.

Nos dias subsequentes, ela esteve algumas vezes no hospital, onde muitos jovens também compareceram para tentar visitar Ariane, que continuava inconsciente. As visitas eram restritas e praticamente nenhum deles conseguia autorização para ver a amiga. Ainda assim, mantinham vigília, reunidos à sombra de umas árvores que havia no pátio do hospital, fazendo preces e cantando as músicas que ela apreciava.

Os sentimentos de Estela se misturavam e ela não conseguia distingui-los. Às vezes, pensava que sentiria falta de Ariane, caso ela morresse. Em outros, quase se sentia feliz ao pensar que não precisaria mais conviver com as implicâncias e as ironias da filha problemática.

Oswaldo continuava alternando curtos períodos em casa com outros, bem mais longos, no hospital, apesar da insistência do médico de que ele deveria voltar a cuidar dos seus interesses. Afinal, o estado de saúde de Ariane não se alterava e a presença do pai não a ajudava em nada. Já estava quase completando um mês, desde que a jovem fora internada.

Mas o advogado não dava a mínima para os conselhos do doutor Epaminondas. Adiou todos os compromissos, deixando o escritório sob a direção dos funcionários e passou a viver em função daquela interminável vigília. Quando estava em casa, respondia com má vontade e em monossílabos às perguntas que Estela lhe fazia. Mas, na maioria das vezes, simplesmente fingia não ouvi-la.

Estela tentou tocar a vida da melhor maneira que podia. Procurava por todos os meios confortar o marido. Fazia as comidas que ele apreciava, inventava pequenos agrados, tentava acariciá-lo, mas nada conseguia demovê-lo daquele estado de apatia e rejeição às atitudes da esposa.

Um dia Estela apelou para uma espécie de chantagem emocional, fazendo-o lembrar-se de que o Willian também era seu filho e que também precisava de atenção e carinho. Porém tudo isso foi em vão. O marido seguia irredutível em sua tristeza e inconformismo. Gostava do filho, mas sua atenção estava totalmente voltada para Ariane e não havia como dividir ou evitar aquele pesaroso sentimento.

Às saídas do hospital, Oswaldo começou a mudar a direção dos seus passos. Em vez de ir para casa, passou a frequentar a livraria do concunhado, com quem se acostumou a desabafar. Pela primeira vez, procurava Henrique para falar de assuntos não relacionados à política, já que em todas as suas conversas anteriores, o advogado tratava apenas dos temas que lhe interessavam, demonstrando total desinteresse pelas explanações filosóficas e espiritualistas do livreiro.

— Acho que estou enlouquecendo - disse numa dessas visitas, com os dedos enterrados nos cabelos desalinhados que começavam a adquirir uma coloração prateada. — Ou as pessoas estão brincando com o meu sofrimento.

Henrique o olhou gravemente.

— Por que você está dizendo isto?

Oswaldo suspirou com exagero.

— Porque andei ouvindo coisas que contrariam completamente o meu modo de encarar a vida. Parece que todo mundo tem uma opinião formada sobre a doença da minha filha. Você sabe que a Joana sugeriu que eu pedisse a uma curandeira para cuidar da Ariane, não sabe?

— Naturalmente. Na verdade, fui eu que dei a sugestão a ela - respondeu o outro. E erguendo o dedo indicador, salientou: — Gostaria apenas de esclarecer que a Firmina não é uma curandeira, como você diz. Ela é uma médium séria e muito querida, que tem dedicado a vida a cuidar da dor alheia. Minha esposa relutou, achando que você não iria concordar, mas eu disse que ela não tinha nada a perder... Foi por isso que Joana falou contigo.

Oswaldo acenou a cabeça.

— Ah, entendi... Pois, então. Essa tal Firmina me falou umas coisas muito loucas a respeito de Espírito, alma, corpo... Ela praticamente dividiu a Ariane em várias partes.

Henrique riu da maneira confusa como o advogado se expressou.

— Não foi a Firmina quem dividiu a sua filha, Oswaldo. Quem a fez assim foi Deus. Aliás, não somente a ela, mas a todos nós...

— E o pior - prosseguiu o outro, sem dar muita atenção às palavras dele - foi o Epaminondas, um médico respeitado como ele, dizer que foi curado pelos poderes espirituais dessa mulher.

— É mesmo?

— Sim. Ele disse que quando era criança foi picado por uma cobra muito venenosa e que só não morreu porque a Firmina cuidou dele.

— Ora, ora! - interessou-se Henrique. — Dessa novidade eu não sabia.

— E por que deveria? Você tem amizade com o Epaminondas? Costuma conversar com ele?

— Não. Eu já lhe disse que sou amigo da Firmina...

— Ah, mas é claro! Esqueci-me de que você e a Joana são espíritas – disse com voz debochada.

— Sim! Somos espíritas e temos muitas razões para isso. É uma pena que conversemos tão pouco sobre esses assuntos, Oswaldo. Talvez, se você me ouvisse mais, não tivesse dificuldade em compreender o que lhe causa tanta estranheza.

— E não entendo mesmo, Henrique. Que uma mulher como a Firmina possua as suas crendices, as suas superstições eu compreendo. Mas que você e o Epaminondas, dois homens cultos e bem informados, tenham essa postura... Não! Isso é loucura demais para o meu entendimento.

Henrique, que estava atrás do balcão da livraria, contornou-o e ficou ao lado de Oswaldo. Colocou a mão no ombro dele, olhou-o seriamente e comentou:

— Quer dizer que no seu entendimento apenas as pessoas ignorantes devem ser espiritualizadas e os homens cultos devem ser materialistas? Que pensamento mais equivocado e retrógrado, Oswaldo! Você tem noção da quantidade de pessoas cultas, que desempenham papéis importantes na sociedade, professam e vivenciam a espiritualidade? Eu poderia fazer uma lista imensa, mostrando muita gente que o mundo inteiro conhece pela elevada capacidade intelectual, e que acredita em Deus e na origem espiritual de tudo o que nos cerca. Mas seria perda de tempo, pois, pelo que vejo, você tem as suas convicções muito firmes para serem reconsideradas, não é?

Oswaldo ficou em silêncio. Ele não iria admitir, mas as palavras do concunhado provocaram certo abalo em suas estruturas. Era a primeira vez que ouvia Henrique com um pouco mais de atenção e, ainda confuso com o que ouvira do doutor Epaminondas e de Firmina, estava começando a ficar impressionado com o tema daquelas conversas.

Capítulo 12

Ajuda espiritual

"Com efeito, se observarmos o resultado de todos os vícios, e mesmo dos simples defeitos, reconheceremos que não há nenhum que não altere mais ou menos o sentimento de caridade, porque todos nascem do egoísmo e do orgulho, que são a sua negação."

O Evangelho segundo o Espiritismo – Capítulo XVII – item 2

O Centro Espírita funcionava numa casa pequenina, frequentada por um limitado e discreto número de pessoas. Apesar da grande repercussão da Doutrina codificada pelo francês Allan Kardec e propagada no Brasil graças à atuação do famoso médium mineiro Chico Xavier e de mais um grande número de seguidores do espiritismo, a presença de Centros Espíritas em algumas cidades mais conservadoras ainda representava, há bem pouco tempo, uma intransigência e era abertamente rechaçada por algumas lideranças religiosas tradicionalistas.

Somando-se a isso a falta de informação e o persistente e difamatório discurso de alguns desses perseguidores de que espiritismo é coisa do demônio, as poucas pessoas que assumiam abertamente nesses lugares a condição de espíritas eram tratadas com sentimentos de repulsa, discriminação e, muitas vezes, até de intolerância.

Ali, naquele município, o atendimento público era limitado a um dia da semana e contemplava, nos dias de maior frequência, não mais que uma dúzia e meia de assistidos. Nesse dia, fazia-se a leitura e explanação dos evangelhos e a aplicação do passe magnético. Mas as dissertações sobre os ensinamentos de Jesus, dificilmente eram absorvidas pela assistência. Por desconhecer os fundamentos doutrinários do espiritismo, a maioria tinha em mente que lugar de se ouvir "sermões" é na igreja, pela boca de um sacerdote que estudou muitos anos para cumprir tal função.

Para esses, ali era lugar de matar a curiosidade, de ver acontecer algum fenômeno espiritual, como a comunicação de um parente morto ou a cura para doenças que iam desde cânceres a unhas encravadas. Fora isso, em suas visões equivocadas, aquele Centro Espírita era apenas uma casinha simples, de paredes encardidas, sustentado principalmente pelos parcos recursos financeiros que a fundadora recebia como pensionista do pai.

Após a morte do genitor, Firmina vendera o sítio e com o dinheiro comprou o terreno, no qual mandara construir a pequena casinha onde instalou o Centro Espírita, além de uma residência ainda menor, nos fundos, que lhe servia de moradia.

E havia tanta superstição em torno daquele ambiente, que muitos moradores evitavam passar por aquela rua após o pôr do sol e, se o fizessem, mesmo durante o dia, benziam-se com o sinal da cruz e apertavam o passo, receosos de que alguma alma penada decidisse acompanhá-los.

Além da assistência pública, havia duas sessões mediúnicas semanais para tratamento de cura espiritual a distância, recebimento de mensagens psicografadas e atendimento aos Espíritos sofredores – as chamadas sessões de desobsessão.

Com exceção da palestra pública, as demais tarefas espirituais eram realizadas geralmente a portas fechadas e somente a equipe mediúnica e assistidos convidados, em casos especiais, podiam participar desses encontros.

Foi numa dessas reuniões particulares que Firmina conversou com Henrique e Joana, após a visita que havia feito à Ariane:

— Meus irmãos, nós precisamos ajudar os seus parentes. A situação ali é bem mais grave do que eu supunha!

E contou a eles sobre o encontro que tivera com os Espíritos, no quarto onde a jovem estava internada.

— Ao que tudo indica, a sobrinha de vocês teve um sério problema de relacionamento com os que atualmente são os seus pais. Percebi que há uma estreita ligação alimentada pelo ódio; principalmente entre a Ariane e a dona Estela, mas que não isenta também o doutor Oswaldo. E o pior é que ela conta com a proteção de um Espírito vingativo, possivelmente o pai dela na encarnação em que ela se chamava Catarina. Os eflúvios deletérios emitidos por esse irmão infeliz é extremamente pesado, devido à carga de ódio que ele cultiva.

— Catarina? Então foi por isso que a senhora confundiu o nome da minha sobrinha? – perguntou Joana.

— Exatamente. Na verdade, eu conversei com a Ariane, mas ela havia assumido a personalidade da pessoa que fora em outra encarnação. Pelo que percebi, na condição de Catarina, ela se mostra bem mais forte e resistente e talvez não queira mais voltar a viver como Ariane, certamente porque a segunda possui uma natureza mais submissa e a primeira não se conforma com isso...

— Mas a Ariane não é submissa – lembrou Joana. — Uma das razões de seus desentendimentos com Estela é justamente a sua rebeldia.

Firmina pensou um pouco e disse:

— Mas talvez ela não seja tão rebelde quanto o seu "protetor" gostaria.

Henrique meneou a cabeça negativamente.

— Meu Deus! Isso é mesmo muito grave...

— E o pior - disse a médium - é que ela se sente protegida por esse irmão desequilibrado. Parece que ele tenta convencê-la a assumir de vez a personalidade de Catarina, o que pode representar até mesmo a morte física de Ariane.

— Que situação mais confusa! - exclamou Joana. — Difícil acreditar que essas coisas estejam realmente acontecendo.

— É mesmo - concordou Henrique. — Fica até parecendo que Catarina e Ariane são duas pessoas diferentes, quando, na verdade, são a mesma pessoa.

— Isto acontece com mais frequência do que imaginamos - explicou Firmina. — Poucos de nós, quando deixamos o corpo físico durante o sono e nos projetamos para o plano do Espírito, continuamos tendo o mesmo comportamento que temos quando presos à matéria. Ali, libertos das rédeas representadas pela carne e pelas regras de condutas sociais, é que nos comportamos de acordo com os nossos verdadeiros instintos. Muitos dos nossos vícios, desequilíbrios e fraquezas vêm à tona e nos mostram exatamente o que somos. Num quadro de inconsciência física demorada como este em que a Ariane se encontra, o Espírito está livre no plano fluídico e pode ter dificuldade em retornar ao corpo denso, se chegar à conclusão de que não interessa fazê-lo.

Joana deduziu:

— Firmina, você quer dizer com isso que as pessoas que estejam passando por dificuldades no plano material tentam não voltar ao corpo físico, mesmo após a saciedade do sono?

— Sim! É mais ou menos como quando alguém que não gosta do seu trabalho profissional vê o domingo chegando ao fim. A proximidade da segunda-feira o deixa oprimido, triste e irritado, porque terá de retomar uma rotina que o infelicita. Quando o Espírito vê a necessidade de retomar o controle sobre o corpo e enfrentar os problemas do dia a dia, procura adiar ao máximo esse retorno e, se possível, evitá-lo.

— O que explicaria a razão do mau humor matinal – completou Joana.

— Explica parte dessa razão, minha irmã, porque esse mau humor pode ser provocado também por outras questões. No entanto, uma delas, com certeza, é a revolta do Espírito ao se ver obrigado a encarar uma realidade que contraria a sua vontade.

— Mas, se a Ariane optar por não retornar ao corpo, ela vai conseguir?

— Bom, isso é relativo. Se a Catarina (ou Ariane), decidir que não quer mais viver na matéria, poderá se esforçar para não voltar ao corpo. Entretanto, terá de vencer as forças da natureza, que tentará, por sua vez, reverter este processo – explicou Firmina.

— Como assim? – perguntou o livreiro, achando bastante confusa aquela história.

E a médium esclareceu:

— Henrique, assim como há muita gente que tenta o suicídio de várias formas e não consegue concluí-lo, pode ocorrer o mesmo com o Espírito que, durante o sono ou num estado de coma, não queira mais voltar ao corpo. A energia vital na qual todos nós estamos mergulhados possui as suas estratégias para frustrar, em muitos casos, as tentativas de automorte. Os cordões fluídicos que mantêm o Espírito preso à matéria não se rompem com tanta facilidade assim. Se fosse desse modo, a quantidade de pessoas que optaria por não retornar à matéria seria imensa. Quantos acordam para enfrentar problemas graves como doenças dolorosas, perdas de entes queridos, falências financeiras, decepções afetivas, crises familiares...

Os três ficaram em silêncio por algum tempo, pensando na complexidade da questão. Quem retomou a palavra foi Joana:

— E o que você acha que podemos fazer para ajudá-los? – perguntou com certo desânimo.

Firmina segurou a mão da amiga para fortalecer-lhe o ânimo e disse:

— O único meio de ajudar a sua família, Joana, será tentando desvendar o que há por trás de tudo isso. Embora a lei do esquecimento seja sagrada, há casos em que a espiritualidade permite os esclarecimentos para que se busque a reconciliação. Principalmente quando se trata de elucidar importantes processos obsessivos como este.

Joana deu um longo suspiro.

— Se ao menos minha irmã e meu cunhado fossem espiritualizados, seria mais fácil fazê-los compreender o que está acontecendo. Mas são tão materialistas, tão teimosos... Meu Deus!

A dirigente do Centro voltou a encorajá-la:

— Tudo bem, minha irmã! Vamos trabalhar com o que temos. Afinal, o livre-arbítrio também é uma lei divina e ninguém é obrigado a acreditar no que não vê, não é mesmo?

— Isto é verdade - concordou Joana. — Há quem não acredite nem no que vê.

— Cada um tem o seu tempo - aduziu a médium. — Um dia todos acreditarão, mas, até que isto aconteça, vamos fazendo a parte que nos cabe.

— Mas como faremos? Quer dizer, como vamos ajudá-los? - perguntou Henrique.

Firmina olhou para o alto.

— Vamos pedir à espiritualidade amiga que nos ajude a evocar esses Espíritos à nossa Casa, meu irmão! Precisamos que eles nos contem o que está acontecendo. Se for permitido por Deus, eles virão e nos orientarão sobre o que fazer.

— E se não vierem? - perguntou Joana, com aflição.

— Nesse caso, não poderemos fazer muita coisa. Se não se manifestarem, é porque essa tarefa está além da nossa força de vontade. Mas vamos pensar positivamente e fazer a nossa parte. Vocês concordam?

Henrique e Joana acenaram positivamente. E a partir daquele dia as sessões mediúnicas da Casa foram voltadas principalmente para o auxílio àquela família desestruturada.

Capítulo 13

Um caso de ódio e vingança

"A vingança é um dos últimos resíduos dos costumes bárbaros, que tendem a desaparecer dentre os homens. Ela é, como o duelo, um dos derradeiros vestígios daqueles costumes selvagens em que se debatia a humanidade, no começo da era cristã."

O Evangelho segundo o Espiritismo – Capítulo XII – item 9

Firmina sabia bem com o que estava lidando, pois logo no início da fundação do Centro Espírita, havia vivenciado uma experiência semelhante à que se apresentava agora. Tratava-se do caso de Romualdo, um sitiante que viveu e morreu naquele município.

Romualdo havia ultrapassado a casa dos sessenta anos e começou a sentir o peso da idade. O trabalho na lavoura tornava-se cada vez mais difícil para ele. Os filhos, crescidos e tendo constituído suas próprias famílias, tinham ido embora. Maria, a esposa, também na casa dos sessenta anos e com pouca saúde, era impotente para o trabalho duro da roça. Pagar empregado era impossível com o pouco que se produzia no sítio.

Romualdo andava desanimado da vida quando um dia apareceu em sua casa um rapazinho que tinha, se muito, quinze anos, apesar de ser bastante alto e corpulento para a idade. Chegou sozinho, pediu comida e dormida por uma noite. O sitiante e a esposa o acolheram, mas ficaram intrigados com aquela presença.

— Quem é você? – perguntou Romualdo, depois de dar comida ao rapazinho, que estava morrendo de fome.

Ele ergueu os olhos que denotavam tristeza e cansaço e respondeu:

— Apenas um retirante perdido por esse mundo de Deus, seu moço. Meu nome é Lindomar.

— Mas você é muito novo – observou a mulher do sitiante. — Onde estão os seus familiares?

— Tenho ninguém na vida, não, dona Maria. Meu pai eu nunca conheci e minha mãe, que Deus a tenha, faleceu há um ano. A gente vivia de favor numa fazenda, mas o fazendeiro só nos acolhia porque gostava da minha mãe. Eu e ele nunca nos entendemos muito bem. Depois que mamãe morreu, ele ficou de implicância comigo e, tanto fez, que acabei desistindo de ficar lá. Peguei estrada e tenho andado por este mundo afora, vivendo ao léu; comendo aqui, dormindo ali... Às vezes até mendigando para sobreviver.

Ouvindo aquela história, Romualdo foi envolvido por um sentimento de compaixão e ao mesmo tempo de gratidão a Deus por ter enviado aquele rapaz ao seu encontro. Caso Lindomar topasse, poderia ficar vivendo ali, ajudando-o a cuidar do sítio.

A proposta foi feita e o rapaz aceitou com alegria.

— Só vou precisar que o senhor me ensine o serviço, porque não estou muito acostumado – disse o moço, causando certa estranheza. Como poderia ter vivido numa fazenda e não conhecer os trabalhos da roça?

Mas Romualdo estava satisfeito demais para se prender a detalhes como esse.

— Isto não é problema – exclamou bastante animado. — Se você tiver boa vontade, vai ter uma vida decente conosco.

E foi o que aconteceu. Lindomar praticamente se tornou um novo membro da família, demonstrando uma grande capacidade de adaptação. Em pouco tempo ele e Romualdo estavam tão unidos, que pareciam avô e neto. O rapazinho era um pouco preguiçoso e rebelde, o que deveria justificar a implicância do dono da fazenda onde vivera com a mãe. Mas, com muita paciência, o sitiante ia impondo a ele o ritmo e as regras da nova vida.

Entretanto, à medida que se desenvolvia fisicamente, Lindomar começou a apresentar alguns desvios de conduta. Primeiramente andou surrupiando dinheiro dos próprios anfitriões. Depois, frequentando alguns botecos da cidade, começou a consumir bebidas alcoólicas em grande quantidade. Às vezes, ficava tão bêbado, que não conseguia sequer voltar para o sítio. Nessas noites, dormia em qualquer lugar, sob marquises, embaixo de uma ponte ou até mesmo estirado sobre as calçadas.

Romualdo ficou decepcionado com o seu protegido. Pegava-o nas horas em que ele estava sóbrio e o enchia de conselhos, mas nada adiantava. Depois de alguns dias de sobriedade, o moço voltava às carraspanas.

Mas apesar de todos os transtornos que Lindomar causava, o sitiante tinha muita paciência com ele, o que deixava Maria surpresa, pois o marido sempre tivera o pavio bem curto ao lidar com pessoas problemáticas.

Com o passar do tempo, Lindomar deu de ficar violento quando bebia e uma vez chegou a levantar a mão para agredir Romualdo. Maria acompanhava tudo aquilo a distância, já vendo o rapaz com olhos de antipatia e desconfiança.

Certa noite, ao chegar em casa completamente bêbado, Lindomar, que já era então um homem corpulento de vinte anos, pediu dinheiro para sair e beber mais. Romualdo disse que não lhe daria nenhum centavo e o mandou ir dormir.

Inconformado, o rapaz se atracou com o velho, tentando arrancar algumas notas do bolso dele. Ouvindo a confusão, Maria, que se encontrava deitada, correu para ver o que estava acontecendo e chegou no exato instante em que Lindomar dava um soco violento no rosto de seu esposo.

Revoltada com o covarde ataque ao marido, ela tentou conter o agressor, segurando-o pelo braço. Mas era uma luta extremamente desigual. Lindomar deveria pesar uns cem quilos e Maria menos da metade disso. Com um safanão, o rapaz a jogou longe. A mulher bateu com a cabeça na parede, viu tudo rodar à sua volta e apagou.

Quando voltou a si, a cena que presenciou foi aterradora: Lindomar estava caído sobre uma poça de sangue, debatendo-se agonicamente. Romualdo, com os olhos arregalados e as mãos trêmulas, segurava a espingarda com a qual atirara no rapaz.

Inicialmente Maria ficou zonza, sem saber o que fazer. Ao ouvir os gemidos agônicos de Lindomar, correu para socorrê-lo, mas nada mais podia ser feito. O tiro havia atravessado o coração do rapaz e ele estava dando os últimos suspiros.

O crime não surpreendeu a ninguém naquela cidade, pois a fama do Lindomar era das piores. Beberrão, briguento, caloteiro e ladrão eram apenas alguns dos muitos "predicados" com que as pessoas se referiam a ele. Além disso, a ingratidão para com o casal que gentilmente o acolhera era motivo de revolta de todos que conheciam a sua história.

O assassinato foi considerado como legítima defesa e Romualdo nem sequer foi a julgamento. Contudo, entrou num irreversível quadro depressivo, perdeu a saúde física e em pouco tempo começou a dar sinais de demência mental. Ficava isolado pelos cantos, falando sozinho, tentando justificar o crime que cometera. E assim terminou os seus dias, para imensa tristeza da esposa que nada pôde fazer para ajudá-lo.

Após a morte de Romualdo, Maria passou a ter sonhos repetitivos, onde o marido pedia ajuda para ele e para o Lindomar, dizendo que os dois estavam perdidos numa região trevosa.

A viúva do sitiante mandou rezar missas, fez novenas, acendeu velas, mas os sonhos continuavam cada vez mais insistentes. Um dia, aconselhada por algumas pessoas, ela decidiu buscar esclarecimentos no Centro Espírita recém-fundado por Firmina, que abraçou a causa com muito boa vontade.

Estava para completar um ano da morte de Romualdo, quando ele se manifestou. Disse que estava sofrendo muito e pediu para desabafar, ao menos para aliviar um pouco o peso na consciência.

Autorizado a falar, ele disse o seguinte:

— Não sou digno de amor e de compaixão, pois sou um assassino. Mas preciso de ajuda.

Firmina procurou acalmá-lo.

— Não se sinta tão culpado, meu irmão. Todo mundo nesta cidade sabe o que aconteceu e, embora tenha ocorrido aquele crime lamentável, o senhor foi considerado inocente.

— Não! Eu não sou inocente e não estou falando desse crime, mas de um mais antigo.

E narrou a seguinte história:

Quando ele era bem jovem, tinha o hábito de tomar banho escondido numa cachoeira que ficava nas terras de um vizinho. Num dia em que se banhava sossegadamente, Romualdo foi surpreendido pelo dono das terras, que não gostou do que viu, considerando que a atitude do rapaz representava uma invasão de propriedade.

Após acirrada discussão, os dois entraram em luta corporal e Romualdo, mais forte e ágil que o adversário, empurrou-o para o despenhadeiro onde a cachoeira se precipitava. O homem morreu na queda, ao bater a cabeça nas pedras.

Ao se dar conta da loucura que tinha feito, Romualdo fugiu do local sem deixar vestígios. Como não houve testemunhas do fato, a polícia considerou como morte acidental e ele não respondeu pelo crime cometido.

Com sua clarividência, Firmina viu a cena se reprisando em seu campo mental. Uma morte estúpida e injustificada, que deixou a vítima de Romualdo com muito ódio. Viu também, em rápidas reprises, o momento em que o sujeito assassinado reencarnou, trinta anos depois, como Lindomar. Na adolescência, mesmo sem se lembrar do que havia acontecido na encarnação passada, seguiu instintivamente o desejo de vingança e encontrou o seu assassino.

Depois de alguns anos de relativo entendimento entre os dois, o ódio armazenado no inconsciente de Lindomar voltou a falar mais alto, colocando vítima e algoz naquele terrível confronto. Romualdo conseguira, na mesma encarnação, matar duas vezes a mesma pessoa.

Firmina estava surpresa com aquela história que lhe parecia tão fantástica, mas que não lhe deixava a menor dúvida sobre a sua veracidade.

— De que modo eu posso ajudá-los? – perguntou, ainda aturdida por aquela triste e estranha situação.

E Romualdo, com a voz carregada de sofrimento, implorou:

— Faça preces por mim e por ele, pois nós dois estamos perdidos nas trevas. Ele consumido pelo ódio e eu pelo remorso. Oh, ajude-nos, por favor!

E foi desse modo que Firmina, juntamente com a pequena equipe de médiuns do Centro Espírita passou a ajudar aqueles dois infelizes, envolvendo-os em preces e, sempre que possível, evocando-os para os devidos esclarecimentos.

Com o passar dos anos, as adversidades parecem ter se arrefecido, pois em suas últimas comunicações os dois já não falavam em perseguição e ódio, aceitando os conselhos referentes à reconciliação.

Agora, deparando-se com a animosidade entre Estela e Ariane, Firmina ficava pensando em como a prática do perdão ainda é uma atitude tão difícil de ser conquistada pelos homens.

Arranjam-se mil maneiras de se vingar das agressões sofridas, tanto no plano da matéria quanto na esfera espiritual. E tudo o que os vingadores fazem é promover mais agressão que, por sua vez, promove mais vinganças; movendo infinitamente a roda de sofrimento à qual uma imensa multidão de Espíritos segue atrelada.

— Se os homens concentrassem a sua capacidade criativa para promover a paz em vez de a usarem para extravasar o ódio e a vingança, o mundo seria um lugar muito melhor de se viver e as pessoas não seriam tão infelizes – monologou com sabedoria.

Capítulo 14
A casa enorme

"Interroguem friamente suas consciências todos os que são feridos no coração pelas vicissitudes e decepções da vida; remontem passo a passo à origem dos males que os torturam e verifiquem se, as mais das vezes, não poderão dizer: Se eu houvesse feito, ou deixado de fazer tal coisa, não estaria em semelhante condição."

O Evangelho segundo o Espiritismo – Capítulo V – item 4

Estela estava cada vez mais solitária, pois o marido mal aparecia em casa, fazendo-o praticamente apenas para dormir. Com Ariane internada e o Willian na capital, ela se sentia cada vez mais abandonada na residência que de repente lhe pareceu muito maior do que era de fato.

E, para piorar, desde a internação de Ariane, os pesadelos com o tal homem do chicote tornaram-se constantes, ocorrendo praticamente todas as noites. Bastava Estela fechar os olhos e se sentia transportada para aquele ambiente hostil, onde o sujeito de semblante odioso a esperava para persegui-la. Ela acordava se sentindo cansada e com um terrível mau humor.

Às vezes, Estela ligava para o filho e implorava para que ele fosse visitá-la, mas as desculpas que Willian arrumava para se manter em São Paulo se tornavam cada vez mais frequentes. Na verdade, nem ele conseguia explicar a necessidade que passara a ter de se manter longe do ambiente familiar.

No fundo, sentia falta do colo materno, dos afagos que recebia, mas, junto ao sentimento de saudade, vinha outro, de repulsa. De repente a companhia da mãe começou a lhe parecer muito chata e até mesmo irritante, com aquela interminável lengalenga sobre os infortúnios da vida.

E as coisas ainda iriam piorar, pois houve um dia em que a noite chegou sem que Oswaldo houvesse retornado para casa. Estela esperou até de madrugada, quando finalmente foi vencida pelo sono e dormiu sobressaltada pelo mesmo pesadelo. Ao acordar, verificou que o marido realmente não havia pernoitado em casa naquela noite.

A primeira providência que tomou foi ligar para o hospital. Mas a informação que lhe deram foi a de que seu esposo havia saído de lá por volta das dezenove horas da noite anterior. Mil pensamentos negativos lhe passaram pela cabeça, mas ela os afastou com raiva e telefonou para a casa da irmã:

— Joana, eu estou muito preocupada com o Oswaldo! Ontem à noite, ele não veio para casa e não deu notícias. Você tem noção de onde ele possa estar?

— Fique sossegada, Estela! Seu marido está bem – respondeu a outra, calmamente.

— Por que está me dizendo isto? Por acaso, você sabe onde ele está?

— Sim. Bem... Ele pediu para não dizermos nada, mas tendo em vista a sua preocupação...

— Para não dizerem o quê? O que é que está acontecendo, Joana?

— É que o Oswaldo está aqui em casa... Ele dormiu aqui esta noite.

— Dormiu na sua casa? Como assim?

— Ele estava precisando conversar com o Henrique. Tomou uns drinques a mais, ficou indisposto e pediu para dormir aqui. Nós não concordamos com a ideia, mas ele praticamente implorou. Não tivemos como recusar...

Estela se descontrolou.

— Que absurdo, Joana! Você, minha própria irmã, acoitando o meu marido em sua casa e nem me fala nada? Eu aqui, cheia de preocupação, feito uma idiota! Por que não me avisou?

— Olha... Desculpe... Eu já ia ligar aí, quando você me ligou. É como eu disse... O Oswaldo pediu para não dizermos que ele estava aqui...

— Miseráveis! - Estela grunhiu.

Bateu o telefone e saiu imediatamente. Pegou o carro e se dirigiu à casa da irmã, conduzindo o veículo com raiva, desrespeitando de propósito todas as normas de trânsito. Seu objetivo era levar o marido de volta ao lar a qualquer custo. Nem que fosse arrastado pela orelha.

Estela chegou esbaforida na casa da irmã. Entrou de cara fechada, sem cumprimentar ninguém e foi direto ao quarto de visitas, onde Oswaldo estava deitado com cara sonolenta, usando um pijama do concunhado. A mulher o encarou com raiva e disse:

— Muito bonito, doutor Oswaldo! Qual é a sua explicação?

Ele a olhou sem demonstrar surpresa. Deu um profundo suspiro e começou a falar tudo o que estava entalado em sua garganta. Naquele dia, pela primeira vez, tiveram uma conversa franca sobre os acontecimentos e ele despejou sobre ela tudo o que estava lhe amargurando o coração.

A conversa ocorreu ali mesmo, pois Oswaldo se recusou a acompanhar Estela, dizendo que precisava de um tempo longe dela para colocar os pensamentos em ordem. Como Joana e Henrique estivessem saindo para abrir a livraria, os dois puderam conversar mais à vontade.

— Sempre percebi a sua má vontade para com a Ariane, Estela. Achava um absurdo a maneira como vocês se enfrentavam, como se fossem inimigas e não mãe e filha. Mas eu nunca pensei que a sua implicância pudesse chegar a um ponto tão grave. Você foi relapsa com a Ariane, não dando atenção à reclamação dela de que estava se sentindo mal. Ficou uma semana inteira ignorando o sofrimento da própria filha, fazendo pouco caso das dores que ela sentia...

Estela ouvia aquilo num misto de angústia e de irritação. Tentava contra-argumentar, mas as suas palavras só pioravam a situação.

— A culpa não foi só minha, Oswaldo. Você cansou de ver o modo como a Ariane me tratava...

— Mas você é mais velha e mais madura do que ela. É a mãe dela! Tinha a obrigação de contornar os problemas. Deveria ser mais responsável e não ficar alimentando aquela aversão idiota.

Estela o olhou gravemente.

— Aversão idiota? Você está zombando de mim, Oswaldo? Acha que as minhas brigas com a Ariane, que o ódio que eu sinto por ela, é por que eu quero?

O advogado balançou a cabeça negativamente.

— Ódio? E você ainda tem coragem de confessar que odeia a própria filha? O que a Ariane fez de tão errado para merecer o seu ódio, Estela?

A mulher baixou a cabeça. Nem ela própria conseguia acreditar que havia pronunciado aquelas palavras. Foi com um fio de voz que respondeu:

— Não sei! Não sei! Mas eu daria tudo para ter esta resposta...

Disse isto e começou a chorar.

Oswaldo precisou fazer um esforço enorme para não perder o controle e ofendê-la com as palavras terríveis que lhe passavam pela mente. Mas a curta frase que disse estava carregada de convicção:

— Chega! Eu quero me divorciar de você, Estela.

A esposa ergueu os olhos inundados pelo pranto e eles estavam também agora cheios de indignação.

— O que você disse?

— Não vou repetir. Você ouviu muito bem.

Ela se aproximou, arfante. Olhou-o bem de perto.

— Divórcio? Você vai me deixar, Oswaldo? Vai me abandonar?

— Não seja tão dramática, Estela! Eu preciso de um tempo...

— Um tempo? Tem noção do que está dizendo? Oswaldo, nós não somos namoradinhos adolescentes. Estamos casados há 26 anos, temos dois filhos que precisam de nós...

Nesse ponto Estela interrompeu a fala. Lembrou-se de que acabara de declarar o seu ódio por Ariane. Não podia se esquecer de que estava lidando com um advogado. Mas já era tarde. Oswaldo usou as palavras da esposa contra ela própria.

— Ah, agora os nossos filhos precisam de nós, não é? Este é o problema, Estela! A Ariane precisou de você a vida inteira e o que recebeu em troca? Precisou de você quando adoeceu e o que você fez para ajudá-la? – urrou indignado.

Como a esposa estivesse muito próxima, ele deu meia-volta e se afastou. Caminhou até a janela, que estava aberta e dava para um pequenino jardim, nos fundos do quintal. Ficou em silêncio, de costas para ela, olhando uma imensa fileira de formigas que carregava retalhos de folhas, abrindo uma trilha sinuosa em meio ao gramado.

Estática, no meio do quarto, Estela soluçava, quebrando o silêncio que deixava o ambiente ainda mais desolado. Imagens antigas perpassaram por sua cabeça, reprisando a época do namoro, o casamento, o nascimento dos filhos e todos os eventos importantes que haviam marcado a sua vida.

De repente se sentiu muito só e um sentimento de autopiedade a envolveu inteiramente. Não bastasse o distanciamento do Willian, agora estava ameaçada de ter de viver também sem o marido. E foi em meio a essa crise emocional que praticamente ouviu uma persuasiva voz sussurrar em seu ouvido:

"Se for para viver sozinha é melhor morrer, você não acha? Assim, esses ingratos vão se dar conta do mal que lhe fizeram e sofrerão as consequências do remorso pelo seu suicídio."

Estela sentiu um calafrio. Não se via derrotada, ainda, mas se a situação não se revertesse, até que achou interessante a sugestão. Entre a humilhação do abandono e o "descanso" que em sua concepção a morte representava, ficaria com a segunda opção, sem sombra de dúvida.

Aqueles segundos transcorreram céleres, acalmando um pouco o clima tenso que se formara. Convencida de que não era uma boa ideia reiniciar a discussão, Estela, com a voz entrecortada ainda pelos soluços, falou do modo mais suave que conseguiu:

— Oswaldo, eu vou embora para a nossa casa. Vou ficar lá esperando por você. Por favor, reflita sobre o que acabou de me dizer. Leve em conta tudo o que está envolvido nessa decisão e veja se é isso realmente que você deseja. De minha parte, não abro mão de ser sua mulher. Não vou desistir do nosso casamento, porque, apesar de tudo, o meu amor por você ainda é o mesmo que eu sentia quando nos casamos. Posso não ser a esposa mais perfeita do mundo, mas também não sou das piores. Pense sobre isto...

O advogado continuou em seu silêncio tumular. A correição de formigas se estendia até o tronco de uma goiabeira e o escalava com facilidade, mantendo inalterado o frenético compasso, agora verticalmente.

Estela se retirou em silêncio. O estalido da fechadura da porta não foi o suficiente para tirar Oswaldo daquela muda contemplação. Sua própria voz ecoou em seu campo mental, misturada a um profundo suspiro provocado pela angústia daquela má hora:

— Como deve ser boa a vida das formigas!

Capítulo 15
Empreitada dos mortos

"A verdadeira fé se conjuga à humildade; aquele que a possui deposita mais confiança em Deus do que em si próprio, por saber que, simples instrumento da vontade divina, nada pode sem Deus. Por essa razão é que os bons Espíritos lhe vêm em auxílio."

O Evangelho segundo o Espiritismo – Capítulo XIX – item 4

Era a terceira vez que Firmina visitava Ariane no hospital para prosseguir com o tratamento. Quando Estela ouviu falar que havia uma médium cuidando de sua filha, teve duas atitudes distintas: primeiro achou um absurdo que Oswaldo houvesse permitido aquele disparate. Depois, pensando mais calmamente, teve o que considerou uma ideia brilhante.

Ela sempre ouvira falar de pessoas que se diziam portadoras de dons especiais e que realizavam proezas com a ajuda dos Espíritos. Embora não tivesse a menor noção de como essas coisas funcionavam, pensou em pedir ajuda à tal mulher para realizar um trabalho que fizesse Oswaldo mudar de ideia quanto à separação.

Foi assim que ela deu um jeito de se aproximar de Firmina e, fingindo estar muito preocupada com a saúde da filha, chamou-a para conversar no pátio do hospital. A médium, que também andava procurando um meio de se aproximar de Estela, aceitou com boa vontade e agradeceu a Deus pela providencial oportunidade.

Durante a longa conversa que tiveram a mãe de Ariane se mostrou, de certo modo, ingênua e até mesmo insegura:

— Como é ser uma curandeira? – perguntou, depois de falarem um pouco sobre a doença de sua filha.

Firmina a olhou com simpatia e respondeu, demonstrando um nível intelectual que se contrapunha à simplicidade de sua aparência e à maneira humilde como se dirigia às pessoas:

— Eu aceito a alcunha de curandeira, dona Estela, porque as pessoas se habituaram a este termo. Mas, na verdade, eu sou uma médium.

— E como é que você sabe dessas coisas? Como descobriu que podia curar as pessoas?

— Bem, tudo isso surgiu naturalmente em minha vida. Durante muitos anos, mesmo praticando o dom da cura, eu não tinha a menor noção de como as coisas funcionavam. Por uma questão meramente intuitiva, eu sabia que não atuava sozinha; nunca me senti capaz de curar as pessoas apenas por minha causa. Algo me dizia que a capacidade de curar vinha de uma força muito maior do que a minha boa vontade, mas eu não sabia do que se tratava.

— E como ficou sabendo?

— Pelos estudos. Um dia, depois de tratar de um menino que havia espetado o pé num prego enferrujado e arranjara uma infecção muito forte, o pai dele, que era um homem bastante culto, me deu de presente uma coleção de livros. Eu nunca aceitei nada em troca dessas curas, porque não sou profissional da área e sei que não devo cobrar por um trabalho que só é realizado devido à vontade de Deus. Mas o homem insistiu tanto, que acabei ficando com os livros, só para ele ficar mais contente. Ainda assim, pensei que era uma grande bobagem, porque eu nem tinha o hábito de ler. Apesar de ter estudado em minha adolescência e ser alfabetizada, sempre me faltou tempo para a leitura. Cheguei a pensar em doar os livros para uma biblioteca, mas, por algum motivo, não o fiz.

Enquanto Firmina falava, com seu jeito envolvente e carismático, Estela demonstrava um interesse surpreendente para uma pessoa tão cética.

— Um dia, não sei por que cargas d'água, comecei a folhear aqueles livros e vi que eles falavam sobre as coisas que aconteciam comigo - explicou a médium. — Foi aí que me despertou o interesse de ler. E foi a melhor coisa que fiz, porque foi nessa leitura que eu aprendi tudo o que precisava. E foi quando decidi fundar o Centro Espírita para divulgar o que aprendi e também para concentrar ali as tarefas mediúnicas.

Estela achou aquela conversa meio confusa, mas continuava curiosa. Que livros seriam aqueles, afinal? Henrique e Joana certamente tinham conhecimento sobre aquilo, afinal frequentavam o tal Centro Espírita.

— Você ainda tem esses livros? - perguntou.

— Claro! São os livros da codificação espírita, elaborados por Allan Kardec. Eles são o meu grande tesouro e eu não me separo deles de jeito nenhum. Uma das coisas que aprendi, foi que um dos processos de cura acontece porque Espíritos benfeitores e sábios manipulam os elementos constantes na natureza e os transformam em substâncias curativas, de acordo com a necessidade do enfermo. Essas substâncias são inseridas no organismo da pessoa doente e têm a mesma função de um remédio de laboratório. Só que muito mais eficiente, porque além de ter sido preparado exclusivamente para tratar aquela doença, é feita de um material muito mais fluídico, que pode ser absorvido em bem menos tempo e com melhor aproveitamento pelo organismo.

— E qual seria o seu papel. Quer dizer, o papel do médium?

— A mediunidade é uma espécie de ferramenta de trabalho que Deus nos dá. Ela funciona também por intermédio da boa vontade, do amor ao próximo, do desejo sincero de se fazer o bem...

— Ou seja, o bom médium é aquele que tem um coração amoroso, como o seu.

Firmina suspirou e olhou para o céu.

— Não sei se o meu coração é tão amoroso quanto eu gostaria, dona Estela, mas não posso me queixar das bênçãos que Deus tem enviado à minha vida. Graças a Ele, já vi muita gente enferma, às vezes até com doença terminal, ficar curada.

— Todos se curam?

— Quem dera!

— Mas por que alguns se curam e outros não?

— Bem... Eu acredito que seja por uma série de fatores. Como a encarnação não é uma condição definitiva, pode ser que a pessoa já tenha cumprido o período que tinha de ficar na matéria. Então não há mediunidade que resolva, pois ela precisa voltar ao plano do Espírito para prosseguir na sua jornada. Mas há casos também em que a pessoa não acredita em nada e, por conta do próprio orgulho, rejeita a ajuda oferecida.

Diante da boa vontade de Firmina em conversar sobre tudo aquilo, Estela se sentiu ainda mais encorajada a tocar no assunto que lhe interessava, mas que a deixava constrangida. Afinal, sua postura materialista destoava do que estava prestes a pedir. Era o medo de ter o casamento desfeito que falava mais alto naquele momento e a impulsionava.

— Firmina, você faz outros tipos de trabalho também? – perguntou, com certo cuidado.

A médium a olhou curiosa.

— Bem... Depende... A que tipo de trabalho a senhora se refere?

Estela pigarreou e olhou para o lado, como se pretendesse se certificar de que ninguém mais podia ouvi-la. Depois disse, num tom de voz cautelosamente baixo:

— Sabe, Firmina, o meu marido está querendo me deixar. Falou em divórcio...

— Ah, entendi! A senhora quer que eu o faça mudar de ideia.

Estela riu sem graça.

— Bom... Na verdade, eu só estou perguntando... – ela não conseguia disfarçar o constrangimento.

Firmina se aproximou e bateu levemente no braço dela.

— Calma, dona Estela! Não há nada de errado com a sua pergunta. Aliás, o que a senhora deseja não é nenhuma novidade, não. Muitas pessoas já me pediram a mesma coisa.

A outra arregalou os olhos.

— Quer dizer que você vai me ajudar?

— Vou! Prometo que farei o melhor que puder, para que o seu casamento não acabe.

— Ah, que bom! E como vai ser? De quanto a senhora vai precisar? – perguntou Estela, abrindo a bolsa.

Firmina a interrompeu, sem perder a serenidade.

— Calma, dona Estela! Uma coisa de cada vez, por favor!

— Como assim? Você não vai me ajudar agora?

— Vou ajudá-la no momento certo.

— Mas o Oswaldo...

— O seu marido não vai se divorciar da senhora hoje, amanhã, ou na próxima semana. Acalme-se!

— Mas essa ideia vai ficar borboleteando na cabeça dele. Precisamos agir logo...

— Sim. Nós vamos agir logo, mas não é do modo como a senhora está pensando. Primeiramente, eu preciso que a senhora vá ao Centro Espírita.

Estela arregalou novamente os olhos e escancarou a boca.

— Eu? Ir ao Centro Espírita?

— Sim.

— Por quê?

— Porque vai ser necessário.

— Mas...

— Dona Estela, a senhora não quer salvar o seu casamento?

Ela acenou a cabeça com força.

— Quero muito!

— Então! O que custa ir ao Centro? Nada de mal vai lhe acontecer, eu garanto. Além disso, sua irmã e seu cunhado também estarão lá.

Estela permaneceu muda. Não sabia mais o que dizer, já que Firmina não cedia e ela também descartava qualquer possibilidade de desistir daquele plano.

Depois de alguns segundos de silêncio, Firmina se levantou, passou a mão várias vezes nas dobras do vestido para desamassá-lo e disse:

— Preciso ir, dona Estela. Fico esperando a senhora lá, está bem? A sua irmã lhe avisa o dia e o horário.

Estela deu um tchau e ficou pensativa. Teria mesmo de fazer o sacrifício e ir ao Centro Espírita, afinal, tratava-se de salvar o seu casamento. Se desse tudo certo, teria valido a pena aventurar-se naquilo que considerava uma verdadeira loucura.

Apesar da idade avançada, Firmina seguiu com passos firmes em direção à portaria do hospital. Levava no rosto um sorriso iluminado e agradecia mentalmente a Deus por ter providenciado aquele encontro que para muita gente poderia ser encarado como uma situação fortuita, mas não para ela. Agora a médium tinha certeza de que Espíritos benfeitores estavam auxiliando naquela importante tarefa. Ao que tudo indicava, a empreitada dos mortos havia se iniciado.

E foi assim que Estela, conduzida muito mais pelo medo de perder Oswaldo do que por qualquer outro motivo, decidiu ir ao Centro Espírita dirigido por Firmina e teve os primeiros contatos com a realidade do seu passado.

Capítulo 16
A casinha pequenina

"Em certas pessoas, a fé parece de algum modo inata; uma centelha basta para desenvolvê-la. Essa facilidade de assimilar as verdades espirituais é sinal evidente de anterior progresso. Em outras pessoas, ao contrário, elas dificilmente penetram, sinal não menos evidente de naturezas retardatárias."

O Evangelho segundo o Espiritismo – Capítulo XIX – item 7

Lutando contra a própria incredulidade e a sua natureza orgulhosa, materialista e prepotente, Estela chegou ao Centro Espírita acompanhada por Joana e Henrique. Ao ver a simplicidade do lugar, achou que fosse uma brincadeira de mau gosto.

— É esta casinha pequenina, caindo aos pedaços, que vocês chamam de Centro Espírita? É aqui que vocês fazem os tais trabalhos espirituais? – perguntou franzindo o cenho.

Joana a olhou com boa dose de paciência e disse:

— Bom, Estela, primeiramente devo alertá-la de que a casa é simples e pequenina, mas não está caindo aos pedaços e não vai desabar sobre a sua cabeça. Segundo, você nunca ouviu o ditado que diz que "não é o hábito que faz o monge"? Terceiro; sim! É aqui que doamos parte do nosso tempo para tentar ajudar a quem nos pede socorro.

A outra respondeu com um sorriso sarcástico, olhando tudo ao redor com um ar de reprovação e, juntos, entraram na casinha.

Na sala acanhada do Centro, Firmina já estava concentrada para a reunião. Havia feito a preparação do ambiente com preces e percebia a presença das entidades espirituais que se manifestariam naquela noite.

Ao cumprimentá-la, Estela disse:

— Bem, Firmina, eu conto com duas coisas: a primeira, é que você realmente consiga fazer o Oswaldo mudar de ideia quanto à nossa separação e a outra é que mantenha tudo isto em sigilo. Não gostaria que as pessoas soubessem que eu estive neste lugar e muito menos a razão pela qual vim até aqui.

A médium sorriu.

— Não se preocupe, dona Estela! Faremos tudo o que estiver ao nosso alcance para ajudá-la a resolver a questão com o seu marido. E, quanto à discrição, ela faz parte do nosso compromisso moral. Fique sossegada!

— Então, como vai ser? Onde estão as coisas para o trabalho? – perguntou a assistida, olhando para os lados, à procura de bugigangas, patuás ou algo assim.

Firmina mostrou o Evangelho e respondeu:

— Tudo de que precisamos está aqui!

A outra não entendeu nada, mas ficou quieta. Estava ansiosa demais para iniciar o que acreditava ser um ritual de magia; se "negra" ou "branca" era o que menos importava, desde que desse resultado.

Os quatro se acomodaram numas cadeiras, formando um estreito círculo. Henrique leu um trecho de *O Evangelho segundo o Espiritismo* e Firmina fez um breve comentário, falando sobre a importância de se praticar o perdão.

Estela achou que a dirigente estivesse se referindo ao perdão que ela e Oswaldo deveriam se conceder, pois era incapaz de perceber a movimentação das entidades que ali se encontravam e às quais as palavras do Evangelho eram também direcionadas.

Por mais que estivesse recorrendo às forças espirituais para ajudá-la, a mulher do advogado só conseguia conceber à sua volta o que era perceptivo às faculdades físicas.

Joana, que era médium de psicofonia, ou seja, que possuía a faculdade de permitir a comunicação dos Espíritos por intermédio de sua voz, entrou em sintonia mental com Virgolino, o Espírito justiceiro e desequilibrado. Ele se apresentava como um mulato alto, musculoso e em cujo rosto, de semblante inamistoso, demonstrava revolta e um forte desejo de vingança.

— Que lugar é este? – perguntou ele. — O que estou fazendo aqui?

Ao ouvir a voz da irmã, naquele timbre tão diferente de sua calma habitual, Estela sentiu um arrepio percorrer-lhe todo o corpo. Ainda assim, disse para si mesma que não se impressionasse com nada daquilo, pois tudo poderia não passar de simples encenação, com o objetivo de convencê-la de que o "trabalho" era mesmo sério.

Firmina, agradecendo a Deus pela oportunidade, deu-lhe as boas-vindas:

— Você está entre amigos. Como vai, meu irmão?

Deu para perceber que, embora se esforçasse para identificar as pessoas que ali se encontravam, Virgolino não conseguia distingui-las com clareza, vendo-as apenas como vultos indistintos. Certamente esta era uma estratégia da equipe espiritual que organizara o encontro, para evitar confrontos desnecessários.

Após breve silêncio, o Espírito inquirido por Firmina respondeu:

— Estou mal! Muito mal. Só vejo coisa errada na minha frente – deu uma gargalhada insana e acrescentou –, mas não há nada que o meu chicote não possa resolver.

Ouvindo aquilo, Estela voltou a sentir o calafrio, que se concentrou agora em sua nuca. Ela se lembrou dos pesadelos que tivera ao longo da vida. Sonhos ruins e tremendamente incômodos, em que era perseguida numa região pantanosa por um homem mal-encarado que a ameaçava com um chicote.

Mas o pensamento que lhe ocorreu teve a brevidade de um relâmpago e logo ela se convenceu de que fora apenas uma coincidência. Resolveu se manter em silêncio para ver até onde ia aquilo que a seu ver não passava de um mero teatrinho.

— O irmão gostaria de falar conosco? – perguntou Firmina ao Espírito que respondia por intermédio de Joana.

— Não. Prefiro deixar que outro fale – respondeu ele, demonstrando certo cansaço.

Nesse momento, o corpo de Joana sofreu um leve abalo e o semblante dela, que expunha uma máscara de ódio, tornou-se sereno.

Logo outro Espírito se manifestou e, num tom de voz calmo e conciliador, que lembrava a própria voz da médium, disse chamar-se Ana Tereza e ter sido esposa de Virgolino na última encarnação.

Explicou ainda que seu objetivo era tentar ajudar nos esclarecimentos buscados naquela noite.

— Infelizmente, nosso irmão Virgolino ainda se encontra muito preso ao ódio e não está em condições de falar sobre coisas que lhe fazem sangrar o coração. Mas Deus, em sua infinita misericórdia, permitiu que eu viesse aqui para relatar a trama que envolve esses irmãos nesse labirinto de mágoas e dissensões. Na verdade, suas animosidades são muito mais antigas do que podemos imaginar, apenas alternando a condição de vítimas e algozes que, por força do orgulho, do ciúme e do egoísmo, não conseguem se perdoar e vivem se ofendendo há um longo período.

A entidade silenciou por um tempo, depois retomou a fala, sempre com muita serenidade:

— Vamos voltar nossa atenção à última experiência encarnatória desses irmãos, que é o principal foco da discórdia que os envolve atualmente e que poderá, se compreendido e conduzido corretamente, aliviar a carga negativa do ódio que os une.

A seguir, Ana Tereza começou a narrar uma história que tanto Firmina quanto Joana puderam testemunhar, pois à medida que falava, as imagens iam se projetando no campo mental da médium incorporada e da dirigente daquela importante reunião.

Não era comum que o assistido estivesse presente nessas reuniões mediúnicas, até para evitar mal-estares morais. Mas, devido à gravidade da questão e à inflexibilidade de Estela, Firmina recebeu orientação para deixá-la acompanhar o desenrolar dos fatos. Talvez, impressionada com o que ouvisse, ela começasse a abrir os olhos para a realidade que se ocultava às suas percepções sensoriais.

Segunda parte

Capítulo 17

A princesa e a carroça

"Jamais deve o homem esquecer que se acha num mundo inferior, ao qual somente as suas imperfeições o conservam preso. A cada vicissitude, cumpre-lhe lembrar-se de que, se pertencesse a um mundo mais adiantado, isso não se daria e que só de si depende não voltar a este, trabalhando por se melhorar."

O Evangelho segundo o Espiritismo – Capítulo V – item 7

Meados do século dezenove. O Rio de Janeiro passava por agitadas transformações sociais e econômicas, que promoviam um descontrolado crescimento demográfico na mais importante cidade brasileira, à época. Escravos libertos, trabalhadores de toda ordem e imigrantes de diversos países iam chegando e se arranjando como podiam, fazendo surgir vários cortiços na região central e o início das construções precárias nos morros que circundavam o município e que, futuramente, viriam a ser as famosas favelas cariocas. Foi em um desses morros que nasceu Catarina, filha de Virgolino – um mulato liberto que trabalhava como carroceiro – e da dona de casa Ana Tereza, originária de uma leva de operários portugueses que deixaram a pátria lusitana em busca de trabalho em território brasileiro.

A jovem portuguesa, praticamente sozinha em terra desconhecida, encontrou muita dureza pela frente. Depois de alguns anos trabalhando feito escrava na residência de uma abastada família, decidiu abandonar tudo e ir viver com Virgolino, a quem conhecera entregando lenha na residência onde ela trabalhava e de quem se enamorara.

O casebre da pequena família fora construído quase todo à base de tábuas remendadas, com sustentação de caibros e vigas improvisados cujo desgaste da madeira barata, geralmente recolhida de forma aleatória nos descartes de construções civis, exigia constante manutenção.

Ao redor da humilde residência havia um terreno onde se distribuíam algumas goiabeiras e o solo era recoberto por espesso capinzal que servia de pastagem a um cavalo castanho que há anos era o fiel companheiro de trabalho do carroceiro, percorrendo com ele as ruas da cidade, em busca de fretamentos.

Virgolino era um homem sisudo, calado, porém muito trabalhador. Tinha por hábito manter sempre à mão um inseparável chicote, que dizia ser o seu amuleto de proteção. Ana Tereza, dois anos mais jovem que o marido, era uma mulher pequenina, alegre e carinhosa. Tinha o corpo esguio, a pele muito clara, acentuada pelos cabelos ruivos, cacheados, e a frágil compleição de quem não possuía boa saúde.

A menina Catarina, que era fisicamente uma mistura da natureza forte do pai e da delicada silhueta de sua mãe, era também um somatório da personalidade dos dois em termos de temperamento. Alegre, saudável e extremamente sociável em alguns momentos, tornava-se sisuda, extrovertida e imponente em outros. Principalmente quando contrariada em seus interesses.

Ela adorava quando o pai a levava para o trabalho. Mergulhada num mundo de inocência e fantasia, sentia-se orgulhosa ao lado do genitor, sentada num banquinho de madeira que Virgolino fixara na carroça. Ao passarem pelas ruas do bairro, a menina acenava para as coleguinhas da vizinhança e atirava beijos que eram retribuídos com alegria. Ela se sentia importante, fantasiando em sua ingênua cabecinha o papel de uma princesa transportada em imponente e luxuosa carruagem.

Ana Tereza teve a existência interrompida muito cedo naquela encarnação, quando, atacada por forte pneumonia, não conseguiu resistir à doença. Assim, Catarina ficou órfã de mãe aos onze anos de idade, fato que a deixou amuada por um bom tempo e a aproximou ainda mais do pai, este também muito abalado pela morte da esposa.

Com o passar dos anos, a filha do carroceiro se tornou uma moça muito bonita fisicamente, fato que, somado à sua facilidade de se comunicar, chamou a atenção de um vizinho, amigo de infância, que atuava como ator em peças teatrais que eram apresentadas em tablados montados em praça pública.

Convidada para se inserir nas atividades artísticas, Catarina ficou empolgada, vendo naquele convite a oportunidade de se tornar alguém importante na vida. Mas a novidade não agradou a seu pai. À época, muito embora o teatro já fizesse parte do cotidiano das grandes cidades brasileiras, os atores ainda eram vistos com muito preconceito, principalmente as atrizes. Mas Catarina era muito determinada e a contrariedade de Virgolino não foi suficiente para fazê-la desistir dos seus sonhos.

A moça revelou um grande talento para as artes cênicas. Além de sua excelente atuação no palco, a filha do carroceiro tinha a voz afinadíssima para o canto e dançava muito bem. Não tardou para que se tornasse bastante conhecida e admirada pelo público. Foi assim que a menina pobre e desconhecida encontrou o caminho para a fama que, de outro modo, certamente jamais existiria em sua vida.

A notoriedade, entretanto, despertou nela a má inclinação para o orgulho e para a vaidade, afastando-a de suas origens. Paparicada por pessoas ricas e influentes que a cercavam de mimos – nem sempre carregados de boas intenções – e buscando fugir dos repetitivos sermões do pai para desistir da carreira artística, Catarina se mudou para um cortiço, onde dividia pequeno espaço com uma amiga chamada Adelaide, que também era atriz e que não possuía parentes no Rio de Janeiro.

Desse modo, consolidou-se o distanciamento entre a filha do carroceiro e seu pai. A presença dele, com suas roupas puídas, o odor desagradável de suor e aquela aparência grotesca, tornou-se motivo de constrangimento para a bela jovem. O passado extremamente pobre de Catarina não mais interessava ser exposto e ela chegou a inserir em sua biografia a falsa informação de que era órfã de pai e mãe.

Virgolino, embora triste e saudoso da companhia da filha, resignou-se e passou a acompanhar a distância os passos da moça. Seguiu o curso de sua vida modesta, envelhecendo devagar em sua luta pela sobrevivência sobre a velha carroça e residindo no mesmo casebre de madeira que construíra com imensa dificuldade.

Entretanto, apesar de tamanha prova de ingratidão, o seu amor por Catarina não sofreu nenhum abalo. Quando alguém fazia qualquer comentário negativo sobre ela, Virgolino a defendia com unhas e dentes e, se o interlocutor insistisse em destratá-la, conquistava um inimigo renitente e poderia até levar umas chicotadas no lombo. Afinal, o inseparável chicote tinha mais utilidades do que simplesmente servir de amuleto para o carroceiro.

Capítulo 18

Corações inquietos

"É inútil que o homem ávido de gozos procure iludir-se sobre o seu destino nesse mundo, pretendendo ser-lhe lícito ocupar-se unicamente com a sua felicidade. Sem dúvida, Deus nos criou para sermos felizes na eternidade; entretanto, a vida terrestre tem que servir exclusivamente ao aperfeiçoamento moral, que mais facilmente se adquire com o auxílio dos órgãos físicos e do mundo material."

O Evangelho segundo o Espiritismo – Capítulo XI – item 13

Vincent era um homem rico e influente na sociedade carioca. Na verdade, tanto a sua riqueza quanto o seu poder foram herdados do sogro, comerciante astuto e bem-sucedido no ramo de produtos manufaturados, que fizera fortuna na França. Ele fora mandado ao Brasil com o objetivo de ampliar os negócios do sogro, aproveitando-se da atraente onda de consumo que crescia na então capital do país.

Com cerca de trinta anos de idade, casado com Isabelle e pai do menino Nicolas, Vincent, que tinha um forte espírito aventureiro, abraçou o projeto com empolgação e se mostrou tão competente nos negócios quanto o pai de sua esposa. Já Isabelle odiou a decisão de se mudar para um país tão dissonante do seu e só não ficou na França porque era loucamente apaixonada pelo marido. Ciumenta ao extremo, não admitia a possibilidade de ficar longe dele.

Embora muito bem acomodada, ocupando uma luxuosa residência e com vários serviçais à sua disposição, a francesa se queixava de tudo e deixava o esposo quase louco com as suas constantes reclamações. Achava o Brasil um inferno de tão quente, fato que se agravava em razão de Isabelle possuir uma persistente obesidade que se arrastava desde a infância.

Ela odiava as irritantes nuvens de pernilongos, a inevitável proximidade com gente negra e a convivência diária com lama nos dias de chuva e poeira nos dias de sol.

Na verdade, vivia torcendo para que as transações comerciais do marido não obtivessem sucesso e que eles pudessem retornar o mais rápido possível à terra natal. Seu único consolo era a companhia zelosa, atenta e sempre carinhosa de Nicolas, que jamais se desgrudava da mãe.

Inicialmente a adaptação à nova vida foi algo complicado também para Vincent, mas seu jeito empreendedor foi-lhe abrindo portas, tanto no âmbito comercial quanto no social. Com o tempo, a agitada vida no Rio de Janeiro, que lhe soava desagradavelmente, passou a seduzi-lo e, ao contrário da esposa e do filho, que se recusavam a deixar o conforto do lar, ele começou a frequentar os ambientes mais interessantes da cidade e foi se aclimatando aos novos ares.

Vincent era um homem elegante, bem-humorado e muito inteligente. Em seu sorriso mesclava-se uma aura de candura com um sutil e refinado senso de ironia que cativava seus interlocutores e o fazia seguir abrindo caminhos em sua bem-sucedida carreira comercial.

No início de uma noite quente de verão, após o estafante trabalho no escritório, o francês encaminhava-se para a residência quando se lembrou de que Isabelle estava insuportável naquele dia e que o fizera prometer que à noite os dois teriam uma longa conversa sobre um assunto que a estava incomodando muito.

Ocorre que Vincent havia prometido uma viagem de férias, para que Isabelle pudesse voltar a respirar os ares europeus. No entanto, sua rotina comercial andava tão agitada, que a viagem acabou sendo adiada por tempo indeterminado, o que deixou a mulher ainda mais irritada que o normal.

Indisposto a encarar discussões domésticas, Vincent decidiu mudar o curso. Chegaria em casa bem tarde e depois arranjaria uma desculpa qualquer para aplacar a ira da esposa. Assim, dirigiu-se quase que automaticamente para um dos teatros que anunciava a estreia de uma conhecidíssima peça clássica. Fazia tempo que ele não ia ao teatro e estava precisando se distrair um pouco.

No entanto, Vincent foi incapaz de se concentrar na trama. Nem mesmo conseguiu distinguir a que gênero a peça pertencia, pois durante todo o tempo, esteve fascinado pelo talento incomensurável e pela beleza estonteante da atriz principal, a quem ele não conhecia.

Catarina, no auge dos seus vinte anos, era mesmo muito bonita. Havia recebido todo o tipo de proposta que se possa imaginar, desde as mais sérias às mais indecentes, e muitas lhe oferecendo grandes vantagens em todos os sentidos. Muitas dessas propostas originavam-se de homens ricos, poderosos e... Casados.

Mas a atriz, demonstrando uma maturidade incrível para a idade, lidava de modo educado e sereno com tudo aquilo, porém firme com os seus admiradores, rechaçando com delicadeza às suas investidas, mas jamais recusando os presentinhos que lhe chegavam às mãos e que iam desde buquês de flores a joias caríssimas.

A verdade é que, apesar de todo o assédio que sofria, o coração da moça continuava intacto em termos de envolvimento afetivo. O máximo que permitira até então, foram algumas sutis aproximações e uns flertes que não deram em nada, pois nenhum candidato despertara em sua alma algo mais do que um sentimento de amizade e, em alguns casos, nem mesmo isto.

A partir da noite que se deparou com a atuação de Catarina, uma inquietação imensa invadiu o coração de Vincent, que não conseguia tirar a atriz do pensamento. Ele voltou a assistir à peça várias vezes e tentou de todas as formas se aproximar dela, mas, embora a atriz não se recusasse a receber os admiradores em seu camarim, após as apresentações, era o francês quem titubeava nesses momentos.

Sentia-se tomado por uma taquicardia incontrolável, suas pernas ficavam trêmulas e ele suava abundantemente. Algo que deveria ser – mas não era – incompatível com o comportamento de um homem empreendedor e astuto como ele.

Mas a persistência acabou vencendo a timidez e, uma noite, atrapalhado e balbuciando palavras sem nexo, Vincent entregou à atriz um ramalhete de flores e um bilhete, no qual não economizou elogios ao seu talento e à sua beleza.

Embora tenha sido um encontro rápido e um pouco atribulado devido às muitas pessoas que aguardavam para cumprimentá-la, Catarina sentiu certa perturbação diante do francês, cuja elegância e refinamento havia lhe chamado a atenção. Experimentou em seu coração um misto de repúdio – estava na cara que Vincent era casado – e de inexplicável euforia.

No entanto, aquela impressão positiva não teria durado muito tempo se Vincent não houvesse voltado no dia seguinte e repetido a visita ao camarim, levando flores ainda mais bonitas e outro bilhete ainda mais elogioso. No período de uma semana, as visitas se repetiram e, ao final delas, era flagrante a atração entre os dois.

Vincent foi tomado por um irresistível desejo de conquistar aquela linda jovem e a única razão de não convidá-la para sair era o medo de que Isabelle acabasse descobrindo. Embora a esposa quase não saísse de casa, ela tinha amigos, principalmente entre os imigrantes franceses, que poderiam dar com a língua nos dentes. Se havia duas coisas que Vincent temia na vida eram o ciúme doentio da esposa e a possibilidade de perder as regalias auferidas na parceria com o sogro milionário.

Capítulo 19

Sob o jugo da paixão

"Na ordem dos sentimentos, o dever é muito difícil de cumprir-se, por contrariar as atrações do interesse e do coração. Não têm testemunhas as suas vitórias e as suas derrotas não estão sujeitas à repressão. O dever íntimo do homem fica entregue ao seu livre-arbítrio. O aguilhão da consciência, guardião da honradez interior, o adverte e sustenta; mas, muitas vezes, mostra-se impotente diante dos arroubos da paixão."

O Evangelho segundo o Espiritismo – Capítulo XVII – item 7

Isabelle continuava pressionando o marido para a tal viagem de férias à França e foi justamente isto que acabou desencadeando a aproximação entre Vincent e Catarina. Convencida de que tão cedo não teria o seu desejo atendido, Isabelle decidiu mudar de tática. Retornaria à França apenas em companhia do pequeno Nicolas e de uma família francesa, amiga de longa data, que estava com viagem programada para aquele país.

O plano de Isabelle era convencer o pai a repatriar a sua família. Faria chantagem emocional, diria que estava doente e que acabaria morrendo precocemente em terras brasileiras... Enfim, tentaria de todas as formas amolecer o coração pragmático do genitor para que ele desistisse dos investimentos no Brasil e chamasse Vincent de volta à França.

Com a viagem de Isabelle, Vincent teve o caminho livre para se aproximar de Catarina. Inicialmente a atriz o tratou com o mesmo misto de candura e calculada frieza com que tratava todos os homens que dela se aproximavam, mas, à medida que o conhecia melhor, foi se deixando encantar pela sedutora presença de Vincent.

Para não cair em contradições, o francês foi logo dizendo que era casado, mas explicou que seu casamento estava passando por gravíssima crise e inventou a história de que a esposa o havia abandonado e retornado à França, possivelmente para os braços de algum amor verdadeiro deixado para trás. Foi tão convincente em suas argumentações, que Catarina chegou a sentir pena do pobre diabo.

O próprio Vincent não conseguia entender porque agia daquele modo. Embora não fosse tão inocente e já tivesse se envolvido em algumas relações extraconjugais na França e no Brasil, nunca precisara usar de falsas argumentações para alcançar os seus objetivos. Com Catarina as coisas eram bem diferentes. Ele sabia que se não conquistasse a confiança dela, não conseguiria a aproximação que seu coração tanto desejava.

Assim, inventando histórias que mesclavam realidade e mentira, foi conquistando a moça que, apesar de madura e determinada para algumas coisas, era bastante ingênua no delicado campo das relações amorosas. Catarina acabou se apaixonando pelo francês e, de repente, o mundo lhe pareceu um lugar pequeno demais para conter a efluência da sua imensa paixão.

Vincent também foi surpreendido pela impetuosidade do sentimento que o envolveu. Nunca havia sentido nada tão avassalador em sua vida. Tudo o que vivera até então foram breves aventuras, alicerçadas em volúveis atrações físicas. A própria relação com Isabelle ocorrera muito mais no campo da conveniência do que necessariamente por afeto.

Durante os meses em que Isabelle esteve na Europa, Vincent e Catarina protagonizaram uma magnífica história de amor. Ele alugou uma residência pequena, porém bem confortável do lado oposto da cidade e ali instalou a amante.

Suas atitudes passaram a ser comandadas pelo coração e ele já não conseguia organizar as ideias. Sabia que estava fazendo uma grande loucura, mas não podia mais recuar. Quando estava longe de Catarina, envolvido em seu trabalho, fazia planos para conversar com ela, explicar-lhe os entraves existentes em sua vida e colocar ponto final àquela história.

Mas quando estava junto dela, mudava completamente de opinião. Presenteava-a com joias caras, cobria-a de carinho e não queria imaginar como seriam os seus dias sem a presença daquela moça em sua vida.

Quando Catarina se despediu de Adelaide para ir viver na casa alugada por Vincent, a amiga a aconselhou a repensar a decisão.

— Pense bem, minha querida! Este homem é casado. Você será uma segunda mulher na vida dele e poderá se machucar muito no futuro.

— Casado, por enquanto – respondeu a filha do carroceiro. — Em pouco tempo ele estará livre para mim.

— Por que você não espera que ele primeiro resolva essa situação? Que consolide o fim do casamento?

Catarina riu largamente.

— E desperdiçar a oportunidade de viver essa grande paixão? De jeito nenhum! – depois disse mais séria. — Adelaide, eu entendo a sua preocupação e também ficaria preocupada se estivesse no seu lugar, mas o meu coração está vibrando com a descoberta do amor. Eu sinto que se não me der a chance de viver isso agora, talvez nunca mais volte a sentir a mesma coisa. Eu preciso consolidar esta história com o Vincent!

E foi mesmo viver o que classificou como o grande momento da sua vida, deixando a amiga aflita, com a sensação de que algo ruim iria acontecer.

Completamente apaixonada, cercada de mimos e do conforto com que sempre sonhara, Catarina se sentia, ao lado de Vincent, como naquele antigo conto de fadas que povoara a sua infância. Por vezes, de olhos fechados, revivia a mesma sensação dos tempos em que, sentada no banquinho de madeira sobre a carroça do pai, imaginava-se uma princesa em uma luxuosa carruagem.

Mas a vida de sonhos da jovem atriz estava com os dias contados. Quando Isabelle voltou de viagem, frustrada por não ter conseguido convencer o pai a desistir dos negócios no Brasil, mas com a promessa de que futuramente ele estudaria a possibilidade de substituir Vincent por um funcionário de confiança, encontrou o marido com a cabeça nas nuvens.

Vincent andava mal-humorado, tornara-se impaciente com a esposa e até mesmo com o filho Nicolas, deixando-os completamente de lado. Sua presença em casa era uma raridade, e agora ele arranjava motivos até para passar algumas noites fora.

Não tardou para que a aventura amorosa do marido chegasse aos ouvidos de Isabelle. Seu coração orgulhoso e ciumento esteve a ponto de explodir e mil coisas lhe passaram pela cabeça, mas a muito custo ela conseguiu se controlar. Estava decidida a cobrar caro por aquela traição, mas o faria de cabeça fria, para saborear os louros da vingança.

E foi desse modo que a francesa, auxiliada por uma serviçal desonesta e interesseira, cercou-se de cúmplices, angariados a peso de ouro, e desvendou todo o mistério que envolvia a vida clandestina do esposo.

Ao tomar conhecimento de que sua rival era uma belíssima atriz de teatro, seu orgulho foi mortalmente ferido, pois, embora jovem e possuidora de alguns atrativos físicos, Isabelle passava muito longe do que se poderia considerar como padrão de beleza feminina.

A primeira iniciativa que tomou foi a de escrever um bilhete ameaçador, destratando a atriz, classificando-a como uma meretriz da pior espécie e dizendo que ela esperasse, pois o castigo já estava a caminho. Depois escreveu ao pai contando todo o ocorrido e ameaçando se matar, caso ele não ordenasse a Vincent retornar imediatamente à França. Agora ela tinha certeza de que o pai ouviria as suas súplicas.

Catarina recebeu o bilhete pelas mãos de um menino que não soube explicar quem o enviara. Ao lê-lo, a atriz sentiu a orelha queimar. As palavras eram tão ferinas e humilhantes, que ela não teve coragem de mostrá-lo a Vincent, mas o alertou sobre a situação.

— Sua esposa descobriu que nós temos um caso e eu estou sendo ameaçada – contou, sem entrar em pormenores.

Mesmo pego de surpresa, Vincent fingiu tranquilidade, pedindo a Catarina que não se preocupasse, pois ele iria cuidar de tudo. No entanto, como Isabelle nada dissesse no ambiente doméstico, ele também optou por ficar quieto, esperando que as coisas se resolvessem por si só, uma vez que não conseguia por meios próprios encontrar uma solução.

Contando com a fidelidade de seus colaboradores, Isabelle arquitetou um plano de vingança contra Catarina, orientando que ele só fosse colocado em prática depois que ela deixasse o Brasil.

Capítulo 20

Vingança gera vingança

"O egoísmo é a negação da caridade. Ora, sem a caridade não haverá descanso para a sociedade humana. Digo mais: não haverá segurança. Com o egoísmo e o orgulho, que andam de mãos dadas, a vida será sempre uma carreira em que vencerá o mais esperto, uma luta de interesses, em que se calcarão aos pés as mais santas afeições, em que nem sequer os sagrados laços da família merecerão respeito."

O Evangelho segundo o Espiritismo – Capítulo XI – item 12

Passado algum tempo, Vincent, sem saber com certeza o que estava acontecendo, porém desconfiado de que havia ali a manipulação de Isabelle, recebeu a comunicação do sogro, mandando-o voltar o mais rapidamente possível à pátria natal, juntamente com a esposa e o filho. As ordens eram severas e determinantes.

O coração do francês ficou apertado, mas ele não podia desobedecer ao sogro. Conversou longamente com Catarina, que a tudo ouviu chorando copiosamente. Vincent prometeu que iria resolver a sua vida na França e que retornaria o mais brevemente possível para junto dela.

— Não se preocupe - disse ele, abraçando-a. — Estou deixando pagos seis meses de aluguel e prometo que, antes do término desse período, estarei de volta aos seus braços.

A moça o olhou desolada.

— Melhor não prometer o que não pode cumprir.

Ele a abraçou ainda mais forte.

— Eu não trocaria nada neste mundo pelo seu amor, Catarina! Vou à França falar com o meu sogro e resolver tudo isso, por uma questão de honra. Mas prometo que voltarei o mais rápido possível para ficarmos definitivamente juntos.

E no momento em que dizia essas palavras, Vincent estava sendo honesto com o seu coração. Era exatamente isto que ele sentia e, enovelado nos braços da amante, sentindo-lhe o perfume suave dos cabelos, não pretendia outra coisa na vida.

Iria à Europa, conversaria com o sogro e tentaria resolver as coisas de um modo amigável, mas, se não o conseguisse, resolveria de qualquer jeito. Depois voltaria ao Brasil. Mesmo se lhe esperasse no Rio de Janeiro uma vida financeiramente pobre, não importava. Ele possuía conhecimento suficiente para arranjar um emprego honesto, com um salário razoável.

As perdas auferidas no fim de seu casamento seriam recompensadas por momentos como aquele em que se sentia completamente inebriado pelos carinhos de Catarina.

E foi assim que Vincent embarcou com a família para a França. Ele não viu, mas, entre as pessoas que estavam no porto de onde o navio partiu, Catarina chorava sentidamente enquanto a embarcação se afastava para alto mar, numa tarde morna de outono, lançando rolos de fumaça no céu azul da baía carioca.

Quando se afastou dali, a moça ficou sem saber exatamente para onde ir. As atividades no teatro estavam paradas naquele período. Procurou a antiga companheira de quarto e as duas passaram a tarde conversando. Catarina desabafou com a amiga e chorou muito no ombro dela.

— Esses homens são todos uns patifes! - censurou Adelaide. — Estava na cara que ele não iria deixar a esposa grã-fina por sua causa.

Catarina olhou para a amiga, enxugando os olhos com um lencinho.

— Eu não o culpo, Adelaide. Sei que o Vincent foi sincero comigo, mas a vida nos colocou em mundos muito diferentes.

— Sinto muito, Catarina, mas não posso concordar com você. Se esse sujeito lhe amasse de verdade, deixaria tudo e ficaria contigo.

— Mas ele disse que vai voltar...

— Gostaria muito de acreditar nisso, minha amiga, mas não posso. Se ele quisesse assumir a relação com você, teria feito isso aqui no Brasil mesmo. Não precisaria viajar com a esposa e o filho para a Europa. Eu acho que ele caiu fora.

As palavras sinceras, porém duras de Adelaide só fizeram aumentar a tristeza no coração de Catarina. No fundo, ela pensava da mesma forma, mas não queria admitir. E, por mais que se esforçasse para odiar o amante, não conseguia. Mesmo depois de tudo, ainda sentia por ele um forte fascínio.

Ao retornar para a casa, já à noite, Catarina percebeu que alguma coisa grave havia acontecido. Pequena multidão cercava o imóvel, portando baldes de água com os quais tentava debelar o fogo que incendiara a residência.

Lembrando-se de que todos os seus pertences encontravam-se no interior da casa, inclusive algumas joias com que Vincent a presenteara, Catarina desafiou o perigo, para tentar salvá-los. Apesar dos gritos das pessoas para que não entrasse, ela o fez sem pensar nas consequências.

Invadiu o imóvel e correu até o quarto para pegar o pequeno relicário. Mas a caixa, que deveria estar na gaveta de uma cômoda, encontrava-se jogada no chão. Todas as gavetas do móvel haviam sido arrombadas e o porta-joias estava aberto e vazio. Catarina percebeu que tinha sido roubada. Aquele incêndio não ocorrera por acaso. Alguém havia invadido a casa e, depois de roubar os seus pertences, ateara fogo nela.

Totalmente atordoada, a atriz não conseguia respirar. Havia muita fumaça em seus pulmões e ela acabou desmaiando. Quando acordou, estava sendo arrastada para a rua, mas logo voltou a perder os sentidos.

Quando Catarina recuperou a consciência, horas mais tarde, estava num leito de hospital. A primeira pessoa que viu foi o pai. Virgolino estava com os olhos inundados de lágrimas, o semblante tenso e amargurado. Ao vê-la abrir os olhos, balbuciou com os lábios trêmulos:

— Minha filhinha voltou! Minha filhinha está viva!

E os dois se abraçaram chorando e assim permaneceram por um bom tempo. Mas a saúde de Catarina estava fortemente comprometida. Algumas partes do seu corpo estavam queimadas e o ato de respirar lhe provocava uma dor intensa no peito.

Quando recebeu alta, ela voltou para junto do pai, no velho barraco da família. Estava inconsolável e entrou num profundo estado de depressão. Em pouco tempo, adquiriu a mesma doença que ceifara a vida de sua mãe e morreu logo depois, com o organismo consumido por complicações pulmonares.

No período em que esteve com o pai, Catarina lhe contara todo o ocorrido, inclusive a desconfiança de que o incêndio em sua casa fora um ato de vingança promovido pela esposa de Vincent.

Investigando por conta própria, Virgolino acabou descobrindo toda a verdade. Isabelle, com a ajuda da tal empregada, havia contratado dois sujeitos de má índole para incendiarem a residência de Catarina. A fim de tirarem melhor proveito do "serviço", os homens, antes de provocarem o incêndio, decidiram furtar o que houvesse de valor na residência.

— Deixe estar – disse chorando o carroceiro Virgolino no dia em que enterrou o corpo da filha. — O culpado pela sua desgraça vai ser o objeto da minha vingança, seja aqui ou no inferno! Passe o tempo que passar, o seu sofrimento não vai ficar impune, minha filha!

Passados uns dias, os dois cúmplices de Isabelle foram encontrados mortos, mas a mandante do crime cometido por eles escapou da ira do carroceiro. A França era um lugar demasiado longe para o alcance da sua vingança. Entretanto, Virgolino passou o resto dos dias odiando a tal francesa que ele acreditava ter sido a causadora da morte de sua filha. E jurou para si mesmo que, já que era impossível concretizar a sua vingança em vida, haveria de fazê-lo mesmo depois de morto.

— Só se não houver vida depois da morte - dizia esfregando as mãos. — Se os vermes do cemitério não acabarem comigo, eu acabo com aquela miserável lá mesmo no inferno, onde hei de encontrá-la algum dia!

Capítulo 21

Acertando as contas

"Importa, pois, com vistas à tranquilidade futura, reparar o mais cedo possível os males que se tenham praticado em relação ao próximo, e perdoar aos inimigos, para assim se extinguirem, antes da morte, todos os motivos de desavença, toda causa profunda de animosidade posterior."

O Evangelho segundo o Espiritismo – Capítulo X – item 6

De volta à Europa, Vincent passou a ser vigiado diuturnamente pelo sogro e por Isabelle, que não lhe davam tréguas. Envolvido nas atividades que lhe rendiam lucros e notoriedade, buscava encontrar um modo de esquecer a aventura vivida no Brasil, pois Catarina era uma presença constante em seu pensamento.

Enveredou-se pelo caminho da política, para grande satisfação de seu sogro e até da esposa, que o via cada vez mais ocupado com a nova atividade, mantendo-se afastado de novos possíveis envolvimentos amorosos.

Até o fim daquela existência, Vincent nunca mais deixou a França e a imagem de Catarina foi aos poucos se desvanecendo de sua memória, assim como uma fotografia que, desgastada pela ação do tempo, vai lentamente se apagando no papel.

Mas, por outro lado, Isabelle também não desfrutou de uma vida feliz e sossegada junto ao esposo. O fantasma de Catarina se interpôs entre eles de modo constante e irremediável. A francesa não conseguia se olhar no espelho sem ficar comparando sua fisionomia de mulher comum e sem graça à exuberante beleza da atriz que conquistara o coração do seu marido.

Embora nunca mais tivesse notícias de Catarina, tampouco conseguiu afastá-la da mente, ampliando sobremodo a rivalidade que mesmo a distância parecia intensificar-se a cada dia.

Tendo acompanhado o sofrimento da mãe durante todos aqueles anos, Nicolas desenvolveu um forte sentimento de rancor pelo pai e por Catarina. Embora não conhecesse a atriz, ele sabia que ela era o motivo principal de todas as lágrimas que vira a mãe verter e da infelicidade que tomara conta daquele lar.

Quando Isabelle chegou ao fim daquela encarnação, viu-se lançada – por força da lei de atração – a um ambiente inóspito e sombrio do plano espiritual. Ali encontrou Catarina, que há décadas a esperava, com o coração cheio de ódio. Encontrou também o homem rancoroso que, sempre em posse de um chicote, empreendeu-lhe doloroso suplício.

Só então ela ficou sabendo sobre o desfecho daquela infausta história, pois não fazia a menor ideia de que a ordem de mandar incendiarem a casa da atriz havia provocado a morte dela e, a seguir, o assassinato dos homens contratados para a consecução do crime.

Impossível descrever todos os tormentos que perseguidos e perseguidores experimentaram naquele período. A insana batalha travada naquelas paragens tenebrosas, moldadas por suas próprias emanações fluídicas, promovendo a ampliação do ódio recíproco armazenado em seus corações.

O tempo passou célere naquele plano, onde, mais tarde, também movido pela lei de atração, Vincent juntou-se a eles. À presença do ex-amante, Catarina sentiu certo arrefecimento em seu ódio, muito embora estivesse magoada também com ele. Mas o sentimento mais forte de repulsa era direcionado à Isabelle, afinal fora ela a causadora da sua maior desgraça.

E aquele ciclo de ódio e perseguição perdurou por mais algum tempo, até que, cansados de sofrer, o arrependimento chegou à consciência de alguns deles. Nessa ocasião, Espíritos dedicados à causa do bem, sensibilizados com o padecimento daqueles irmãos infelizes, foram convidados a ajudar no processo de reconciliação.

Todos os que estavam envolvidos diretamente no processo foram chamados à razão. O projeto reencarnatório foi delineado segundo o que as bondosas e sábias entidades espirituais julgaram ser o mais conveniente.

Além dos protagonistas do dramático episódio, Espíritos que não faziam parte daquele drama, mas sendo um pouco mais adiantados em termos de fé em Deus e do conhecimento sobre a vida espiritual, dariam suporte reencarnando como familiares de alguns deles. Foi essa a forma encontrada para se tentar conduzir vítimas e algozes ao caminho do amor e do perdão.

Era o início de um novo tempo. O tempo de se tentar consertar os estragos, de se buscar a reparação das faltas cometidas no passado. E as novas experiências na carne tiveram início com o nascimento de Vincent, na roupagem carnal de Oswaldo. Quatro anos depois, foi a vez de Isabelle reencarnar, como Estela.

Duas décadas mais tarde, chegou a vez de Catarina retornar ao plano da matéria. Ela sabia que teria como mãe aquela que fora responsável pela sua derrocada na encarnação anterior. O corpo que deveria abrigá-la já estava em formação, mas Catarina se recusou a reencarnar.

Por medo e revolta, acabou desistindo do projeto, interrompendo assim o processo reencarnatório. Foi quando Estela sofreu o primeiro aborto espontâneo.

O tempo prosseguiu e a reencarnação de Catarina precisava ocorrer. Novo corpo começou a se formar no útero de Estela e, mais uma vez, movida por medo e revolta, a moça desistiu. Então Estela sofreu o segundo aborto.

Como estava programada a reencarnação de Nicolas, novamente como filho dos mesmos pais da encarnação anterior, o terceiro corpo a se formar no útero de Estela foi destinado a ele. Mas a reentrada de Catarina na vida corpórea era inadiável. Foi então que Virgolino, cujo ódio por Estela ainda não havia se arrefecido em nada, propôs-se a permanecer no plano espiritual, para vigiar os passos da filha e, na medida do possível, protegê-la contra a natureza ciumenta de sua nova mãe.

Somente depois disso foi que, finalmente, Catarina veio à luz naquele lar, sendo recebida pelo pai com um sentimento que mesclava amor e culpa; pela indiferença de um irmão que não a amava e pelo ciúme doentio da mãe, cujas lembranças adormecidas em seu inconsciente foram despertadas ao ver no rostinho da filha a odiosa rival que no passado lhe provocou tanta revolta.

Terceira parte

Capítulo 22

Vozes do além

"Não procureis, pois, o primeiro lugar na Terra, nem queirais sobrepor-vos aos outros, se não quiserdes ser obrigado a descer. Procurai, pelo contrário, o mais humilde e o mais modesto, porque Deus saberá vos dar um lugar mais elevado no céu, se o merecerdes."

O Evangelho segundo o Espiritismo – Capítulo VII – item 3

Ao término daquela reunião, Estela, embora um pouco impressionada com a narrativa que ouvira pela voz da irmã, achou tudo muito fantasioso. Chegou a pensar que Firmina, Henrique e Joana houvessem tramado tudo aquilo, inventando uma história mirabolante para fazê-la acreditar neles.

Mesmo sabendo que teria dificuldade em convencer Estela sobre a veracidade dos fatos apresentados por Ana Tereza, devido à sua incredulidade, Firmina sabia também que tinha a obrigação de orientar aquela mulher tão presa aos seus próprios conceitos e interesses.

Assim, pedindo a Joana e a Henrique que se mantivessem em prece, chamou-a para uma conversa reservada, numa salinha contígua.

— Dona Estela, há muita coisa para conversarmos.

A outra suspirou com impaciência e perguntou:

— É a respeito do meu casamento ou é sobre aquelas loucuras que eu ouvi pela boca da minha irmã?

— Na verdade, é a respeito das duas coisas.

— Firmina, você sabe que eu não acredito nessa história de reencarnação, então não perca o seu tempo, nem me faça perder o meu. O que eu quero saber é se o Oswaldo vai desistir do divórcio. Afinal, foi para isto que eu vim aqui.

A médium segurou a mão dela.

— Acalme-se, dona Estela. A situação é muito mais complicada do que parece.

— Como assim? É isto que você e seus amigos espirituais têm para me dizer? Que o meu caso é grave? Que eu vou mesmo perder o meu marido?

— Por favor, fique calma! Veja bem, a crise do seu casamento não é um fato isolado. Ela tem raízes muito mais profundas.

Estela fez um ar de aborrecimento.

— Disso eu sei. E esta raiz se chama Ariane. Aliás, uma raiz podre e, por incrível que pareça, minha filha...

— Sua filha nesta encarnação, dona Estela. A Ariane não foi sempre sua filha. Por mais que a senhora não queira aceitar, as duas foram rivais na encarnação passada e construíram uma relação de ódio...

— Olha, Firmina, eu ouvi todo esse *blá-blá-blá* que a minha irmã contou. Inclusive aquela revelação prepotente, dando a entender que ela e o Henrique são os tais Espíritos mais adiantados moralmente, que "fizeram o favor" de reencarnar como nossos parentes, para nos ajudarem.

— Dona Estela, entenda, não foi a Joana quem disse essas coisas. Foi o Espírito Ana Tereza que usou as faculdades mediúnicas dela para se comunicar. Além disso, ela não citou os nomes desses irmãos supostamente mais evoluídos; apenas disse que eles existem. A senhora é quem está tirando essas conclusões.

Estela continuava irritada com aquela conversa.

— Mas eu já disse que não acredito nessas coisas de reencarnação. Por isso, esta conversa não vai nos levar a lugar nenhum.

— A senhora não acredita na reencarnação ou não conhece a doutrina que a confirma?

— E que diferença isso faz?

— Dona Estela, conhecer uma coisa e não acreditar nela é coerente. Mas dizer que não acredita naquilo que não se conhece é insensato, a senhora não acha? É como dizer que não gostamos de uma comida que nunca provamos ou de uma cidade que jamais visitamos.

Estela cruzou os braços, fazendo birra. Firmina continuou:

— A senhora sofreu dois abortos antes de conceber o seu primeiro filho e agora nós sabemos que foram duas desistências da Ariane de reencarnar como sua filha, já prevendo a relação difícil que iria enfrentar.

— Olha, Firmina, a Joana sabia muito bem dos abortos que eu sofri. Isso aí de desistência da Ariane de reencarnar não passa de fantasia da cabeça dela...

— Muito bem - atalhou Firmina. — E o que a senhora me diz da perseguição do homem de chicote nos seus pesadelos? E o distanciamento do seu filho, que sempre foi tão apegado à senhora e que agora inventa mil desculpas para não vir para casa? E o pensamento de se matar que lhe passou pela cabeça, enquanto a senhora discutia com o doutor Oswaldo sobre a separação? A senhora continua achando que é melhor o "descanso da morte do que a humilhação do abandono"?

A médium disse tudo isso num só fôlego, despejando sobre uma aturdida Estela todas as informações que a espiritualidade lhe transmitia, via pensamento. Quando ela silenciou, a outra não conseguiu dizer nada. Estava visivelmente abalada por aquele manancial de informações sobre coisas que ela não havia revelado a ninguém e que estavam corretíssimas.

Por uma questão de orgulho e medo de ser taxada de louca, Estela jamais comentara sobre os pesadelos que tinha, por mais que eles a incomodassem. Nunca falou também sobre o distanciamento de Willian, pois não admitiria a fraqueza de estar sofrendo por causa disso. E o pensamento de suicidar-se, caso se confirmasse o divórcio, também havia permanecido no silêncio de sua alma.

Como Firmina podia saber de tudo aquilo? Haveria de fato um poder invisível por trás das atividades do Centro Espírita?

E uma luta titânica começou a se travar entre uma Estela que continuava presa ao ceticismo e uma outra, assustada e confusa, que começava a questionar as próprias convicções. De repente, pareceu-lhe que algumas coisas começavam realmente a fazer sentido.

Aproveitando o seu momento de dúvida, Firmina prosseguiu:

— Pode-se dizer, dona Estela, que houve um duelo entre a senhora e a Ariane, naquela experiência. Cada uma, a seu modo, sofreu um prejuízo e não conseguiu perdoar a outra. Isto explica porque há tanta antipatia entre vocês duas; ao contrário do Willian, que a senhora ama tanto. A questão é que a sua relação com o rapaz já era positiva desde aquela encarnação ou, possivelmente, até antes dela.

Estela continuava calada, absorvendo as palavras de Firmina. Aos poucos, começava a admitir que havia alguma sensatez no que a médium dizia. Começou a se lembrar da dificuldade em aceitar Ariane como filha, desde a gestação.

— A senhora está correndo um sério risco de perder tudo o que conquistou - prosseguiu Firmina. — O homem que foi pai da Ariane naquela encarnação é um inimigo terrível que vive perseguindo a senhora. Ele acompanha de perto os seus passos e vê tudo que a senhora faz com a sua filha. Toda vez que a senhora briga com a Ariane, ele irradia ódio na atmosfera da sua casa. Esse ódio se propaga e envolve principalmente o doutor Oswaldo. Seu marido traz no inconsciente um forte sentimento de culpa por ter sido o causador do sofrimento da Ariane na encarnação passada. O Espírito vingativo se aproveita disso para influenciá-lo, jogando-o contra a senhora, fazendo-o esquecer-se dos bons momentos vividos ao seu lado, induzindo-o a pensar em separação.

— Meu Deus! - exclamou Estela, com um fio de voz. E, como não encontrasse palavras para descrever a sua indignação, voltou à mudez.

Satisfeita com os primeiros indícios de conscientização que começava a despertar nela, Firmina prosseguiu:

— O distanciamento do seu filho é também fruto da intervenção desse infeliz no âmbito do seu lar. Quando está em casa, o Willian, por ser muito sensível, capta as energias negativas emanadas pelo obsessor e se sente mal. Assim, inconscientemente, ele tem evitado se contaminar com os fluidos densos do Virgolino. É por isso que tem se mantido distante do ambiente onde, antes, encontrava paz e acolhimento.

— Mas esse sujeito é um demônio! - gritou Estela, visivelmente descontrolada. — Que direito ele tem de infernizar a minha vida assim? E por que ninguém me protege dos seus ataques?

Firmina voltou a segurar a mão dela, tentando acalmá-la.

— Calma, dona Estela! É justamente esse seu comportamento agressivo que dá a ele o direito de infernizar a sua vida. Esse irmão desequilibrado e vingativo só consegue atuar na sua casa, porque encontra as condições propícias para isto. Pense bem em como tem sido as suas atitudes, em que tipo de sentimento a senhora tem cultivado em seu coração. Dona Estela, a treva não consegue resistir à luz, mas se não houver luz, a escuridão toma conta de tudo. Onde está na sua casa e no seu coração a luz do amor, da caridade e do perdão? A senhora pergunta por que ninguém a protege, mas em que a senhora acredita? Em Deus? Nos Espíritos protetores? Nos anjos guardiões? Ninguém pode lhe ajudar se não for convidado a fazê-lo.

Estela começou a chorar e não disse mais nada. Todas aquelas revelações estavam abalando profundamente as suas estruturas. Se era realmente o seu comportamento que estava promovendo o desmantelamento de sua família, principalmente a aversão de Oswaldo e de Willian ao próprio lar, alguma coisa precisava ser feita com urgência.

Firmina esperou que ela se acalmasse um pouco e chamou Joana e Henrique para levá-la embora. Estela saiu dali de cabeça baixa, sem a arrogância com que chegara. Estava tão abatida, que pediu ao cunhado para dirigir o seu carro.

Antes de partirem, Firmina ainda disse:

— Dona Estela, o único meio de salvar o seu casamento, resgatar o seu filho e ao mesmo tempo se livrar da obsessão desse Espírito vingativo é mudando a sua postura, principalmente no que se refere à Ariane. Pense bem sobre isto e, mesmo que não acredite muito, experimente pedir auxílio e proteção espiritual. A senhora vai se surpreender!

Capítulo 23

Promessa de mudança

"É nas diversas existências corpóreas que os Espíritos se livram, pouco a pouco, de suas imperfeições. As provas da vida fazem progredir, quando bem suportadas; como expiações, apagam as faltas e purificam; são o remédio que limpa a ferida e cura o doente, e quanto mais grave o mal, mais enérgico deve ser o remédio."

O Evangelho segundo o Espiritismo – Capítulo V – item 10

Durante o trajeto de volta para casa, Estela não abriu a boca. Joana e Henrique, considerando que ela estivesse absorvendo o aprendizado daquela noite, respeitaram o seu silêncio e também se mantiveram calados.

O livreiro só voltou a falar quando foi realmente necessário.

— Estela, eu vou passar em casa para pegar o meu carro, está bem? A Joana lhe faz companhia no seu e depois volta comigo.

A mulher estava tão compenetrada em seus pensamentos, que se assustou com a voz do cunhado. Levou alguns segundos para responder:

— Não, Henrique. Por favor, vamos direto para a minha casa. Eu estou me sentindo muito cansada. Vocês me deixam lá e seguem no meu carro. Amanhã eu o pego de volta.

Joana e o marido trocaram um discreto olhar de espanto. Estela tinha um ciúme doentio do seu belo carro importado. Além de não deixar ninguém dirigi-lo, não o emprestava nem para o Oswaldo.

Chegando à residência de Estela, seu coração se entristeceu ainda mais. Todas as luzes estavam apagadas, o que significava que o marido não tinha voltado. Fazia quase uma semana que ele estava dormindo fora, revezando seus pernoites entre o quarto do hospital, que possuía um sofá-cama para acompanhante, e a casa da cunhada.

— Quer que entremos um pouco para lhe fazer companhia, Estela? – perguntou Joana.

— Obrigada, mas não há necessidade – respondeu a irmã, com voz arrasada. — Já está tarde e eu vou me deitar daqui a pouco.

Despediram-se e o casal foi embora.

Havia um clima de abandono no interior da casa. Estela pensou em tomar um banho, porém lhe faltou coragem. Acabou não tomando também os comprimidos para dormir, deitou-se no sofá da sala, pegou o controle remoto da TV, mas desistiu de ligar.

A sala estava à meia-luz, sob a claridade apenas da lâmpada fraca do abajur. Ela ficou olhando à sua volta, perguntando-se se realmente poderiam existir Espíritos ali, observando-a a partir do espaço aparentemente vazio.

Ficou pensando em tudo o que Firmina lhe dissera e sentiu o peito oprimido pela angústia. Seria mesmo possível que aquilo estivesse acontecendo? Estaria sendo vítima da perseguição do tal homem do chicote? Teria sido a causadora da morte terrível da Ariane na encarnação passada? Se assim fosse, a filha tinha toda razão de não se sentir bem ao seu lado e de ter inclusive tentado evitar o próprio nascimento naquela família.

Por outro lado, se Ariane tivesse mesmo sido amante de Oswaldo na vida passada, interferindo em sua relação com ele, humilhando-a com sua beleza e talento, explicava-se o mal-estar que sentira desde o primeiro momento em que vira aquele rostinho, tão inocente para os outros, mas tremendamente irritante para ela. Explicava também o fato de Estela se sentir incomodada com tudo o que representasse sucesso e promovesse alegria na vida de Ariane.

De repente o mundo lhe pareceu um barco à deriva. Ela já não tinha controle sobre nada. Oswaldo e Willian, as duas pessoas que mais amava, estavam escoando por entre os seus dedos. Sem perceber voltou a chorar, sentindo falta dos dias barulhentos e agitados do passado. A casa agora lhe parecia silenciosa e triste demais.

Estela foi envolvida por uma forte sonolência. Sentiu-se extremamente leve e teve a sensação de estar flutuando. De repente, foi atraída para aquela região inóspita onde o homem do chicote a esperava como sempre.

Começou a se debater em desespero, tentando resistir àquela forte atração. Depois das informações de que aquilo não era apenas um pesadelo, mas uma situação verdadeira, que aquele homem era um inimigo real e que a odiava de verdade, Estela passou a encarar o acontecimento com muito mais pavor do que antes. Quando estava bem próxima do seu perseguidor, lembrou-se das palavras de Firmina:

"Mesmo que não acredite muito, experimente pedir auxílio e proteção espiritual."

Sentiu-se constrangida. Há muitos anos não recorria à prece. Ainda assim, procurou se concentrar em algo positivo, em alguma força superior que pudesse ampará-la, e pediu ajuda.

Aos poucos, um sutil foco de luz foi iluminando a paisagem, onde preponderava a penumbra, e uma pessoa se interpôs entre ela e o homem do chicote. Uma suave voz feminina se fez ouvir:

— Esta noite não, Virgolino! Deixe a nossa irmã em paz.

A seguir, ouviu-se desdenhosa e insana gargalhada e a voz grave do obsessor a inquirir:

— Com que direito você vem interferir no meu trabalho?

Estela percebeu, entre surpresa e aliviada, que a mulher que a defendia era Firmina.

— Com o direito que o amor ao próximo me concede. Com o direito da caridade, sem a qual, segundo Jesus Cristo, não há salvação - disse a médium com voz firme, mas desprovida de soberba.

— Os assassinos não merecem caridade - rosnou ele.

— Todos os criminosos merecem o amor de Deus, meu irmão! Se não fosse assim, todos nós estaríamos perdidos, pois em algum momento da nossa trajetória de vida, empunhamos uma arma e assassinamos alguém. Todos nós, de um modo ou de outro, num passado recente ou remoto, destruímos a vida de alguém.

O perseguidor silenciou por uns segundos, talvez refletindo sobre o que acabara de ouvir e lembrando-se de que havia assassinado os responsáveis pelo incêndio na casa de Catarina. Mas logo voltou à carga.

— Não interessa! Eu não vou desistir da minha vingança e vou cobrar tudo de ruim que essa desalmada fez à minha filha. Não vou descansar enquanto não me vingar...

— Desculpe discordar, meu irmão, mas você já está muito cansado disso tudo. Pense um pouco em sua própria vida. Veja como ela está perdida. Em como você está se comprometendo ao tomar essa postura vingativa e viver apenas em função dessa perseguição.

— Não tente me convencer a desistir de castigá-la.

— Pelo menos não a castigue nesta noite - insistiu Firmina. — Deixe-a refletir sobre o que aprendeu hoje.

— Mas que diabos ela aprendeu hoje?

— Muita coisa importante. Você não conseguiu ver, meu irmão, mas ela estava naquele lugar, onde você foi levado e onde Ana Tereza narrou tudo o que aconteceu entre Isabelle e Catarina. Por favor, dê um tempo a ela.

Virgolino pensou um pouco e disse:

— Se o que você está dizendo é verdade, eu quero uma prova.

— Que tipo de prova? - perguntou Firmina.

— A prova de que essa mulher está disposta a mudar de comportamento. De que não vai mais maltratar a minha Catarina.

Pega de surpresa por aquele pedido, Firmina ficou em dúvida sobre o que fazer. Mas logo se animou, pois percebeu que Ana Tereza estava ao seu lado.

— E se conseguir provar? - indagou. — O que eu ganho com isso?

— Se isso for verdade, eu paro de perseguir essa mulher e vou cuidar da minha vida.

Ana Tereza sorriu para Firmina, fez um movimento afirmativo com a cabeça e disse mentalmente:

— Ótimo! Essa é a grande oportunidade que eu venho esperando para resgatá-lo. Marque um encontro para daqui a pouco. Vamos aproveitar que Estela também está entre nós.

Então Firmina disse que deveriam se reunir imediatamente.

O ambiente onde Estela se via agora, embora não fosse ainda um lugar muito agradável, era menos hostil do que aquele pântano onde era perseguida pelo carroceiro. Havia várias pedras pequenas, à imitação de banquetas e ela se sentou em uma delas. A penumbra envolvia tudo à sua volta.

De repente, três vultos se aproximaram e sentaram-se próximo a ela. Estela teve medo, mas foi acalmada pela voz de Firmina, que era um dos três vultos ali presentes.

— Fique calma, dona Estela! Eu estou aqui e ninguém vai lhe fazer mal.

— Que lugar é este? Estou sonhando?

— Não. Embora seu corpo esteja em repouso neste momento, isto não é um sonho. Nós estamos reunidos na dimensão espiritual.

— O que estou fazendo aqui?

— Estamos retribuindo a visita que esses irmãos nos fizeram horas atrás, no Centro Espírita.

Então Estela conseguiu visualizar que, além de Firmina, estavam presentes uma mulher de semblante agradável e o homem de olhar raivoso que a perseguia. Ela sentiu um arrepio de pavor e Firmina disse:

— Não tenha medo. Esta reunião é pacífica e servirá para definirmos de uma vez por todas essa questão entre vocês. Esses dois são Virgolino e Ana Tereza, pais da Ariane na encarnação passada. O objetivo do encontro é provar para o Virgolino que a senhora vai mudar o seu comportamento. A perseguição que ele hoje lhe inflige pode deixar de existir, mas a senhora precisa fazer a sua parte.

— E o que é exatamente fazer a minha parte?

— Abrir o seu coração para o amor maternal. Cobrir-se de humildade, perdoar a quem a ofendeu, pedir perdão pelas suas ofensas...

— Não é tão fácil assim.

— Depois que nos conscientizamos sobre o que a vida representa, fica fácil, sim. A dificuldade está em vencermos o nosso orgulho e a nossa vaidade ao admitir que não somos mais importantes do que os outros. Que as nossas vontades não estão acima do direito das outras pessoas.

— E se eu não conseguir?

— Será uma pena, pois vai perder a grande oportunidade de dar uma reviravolta na sua vida. De se libertar e de libertar esse infeliz irmão das amarras do ódio e da vingança a que ele se dedica integralmente.

Ana Tereza, que ouvia tudo em silêncio, pediu a palavra e disse:

— Estela, embora as leis divinas nos coloquem em situações que muitas vezes pareçam adversas, elas conspiram sempre a nosso favor. Deus não nos dá um fardo maior do que possamos carregar, pois Ele é perfeito e, se agisse de modo diferente, estaria negando a própria perfeição. Se Ele colocou você e a Ariane sob o mesmo teto é porque sabe que vocês têm capacidade para se perdoar e iniciar nesta encarnação um processo de amor que, aos poucos, vencerá o ódio cultivado em seus corações.

— Mas como vou saber disso? Eu vou me lembrar deste encontro e das coisas que conversamos?

— Não, dona Estela. A senhora não vai se lembrar detalhadamente deste encontro - explicou Firmina. — Mas, se tiver boa vontade, vai sentir na alma os efeitos do que aqui foi definido e será impulsionada a fazer a coisa certa. É claro que o seu forte temperamento a induzirá a outro caminho. A sua vontade de agir corretamente será desafiada pelo orgulho e pela vaidade, que tentarão desviá-la para rumos negativos. Mas se a senhora for persistente e se quiser realmente salvar o seu casamento e a sua família da perseguição implacável do obsessor, vai tomar a atitude correta.

Estela baixou os olhos, sentindo que Virgolino a encarava com austeridade. Embora satisfeita por saber que a libertação do processo obsessivo que vinha sofrendo estava em suas mãos, sentia-se insegura, com medo de não conseguir dar conta do compromisso assumido.

Ainda assim, para satisfação de Firmina e de Ana Tereza, forçou um sorriso e disse:

— Está bem! Eu prometo que vou mudar o meu comportamento a partir de hoje e que vou dar a Ariane o amor que lhe neguei em todos esses anos.

Capítulo 24

Libertação e resgate

"Que remédios, pois, poderíamos dar aos que foram atingidos por obsessões cruéis e males pungentes? Um só é infalível: a fé, voltar os olhos para o céu. Se, no auge de vossos mais cruéis sofrimentos, cantardes em louvor ao Senhor, o anjo de vossa guarda vos mostrará o símbolo da salvação e o lugar que devereis ocupar um dia."

O Evangelho segundo o Espiritismo – Capítulo V – item 19

Estela acordou com o telefone tocando. Era Joana dizendo que havia novidades no quadro clínico de Ariane e que era para ela ir ao hospital, assim que pudesse. A notícia a deixou surpreendentemente animada.

Ela não sabia se aquele estado de ânimo era fruto do que vivenciara na noite anterior no Centro Espírita, ou se era pela possibilidade de ser perdoada por Oswaldo. O fato é que a notícia de que Ariane poderia estar se recuperando, encheu-a de esperanças.

Enquanto tomava café, após um banho rápido, Estela ficou pensando nos acontecimentos daquela noite. A ida à casinha de Firmina, onde fora buscar apenas a reconciliação com o marido e acabou sendo bombardeada por todas aquelas novidades que nunca haviam lhe passado pela cabeça e que, de alguma forma, faziam muito sentido.

Chamou um táxi e dirigiu-se à casa da irmã. Precisava pegar o seu carro para ir ao hospital. Durante o trajeto, lembrou-se do pesadelo que tivera naquela noite e da interferência de Firmina, evitando que o perseguidor voltasse a agredi-la, como das vezes anteriores. Era a primeira vez que alguém a defendia daqueles ataques noturnos. Tudo aquilo seria mesmo real?

Outras imagens fugidias perpassavam-lhe pela mente. Flashes de uma reunião, com algumas pessoas estranhas e na qual ela havia feito algumas promessas, mas não se lembrava exatamente do que se tratava.

Uma luta titânica era travada em seu íntimo. O seu lado racional dizia que tudo aquilo não passava de loucura, mas como explicar tanta coincidência? Tanta coerência entre o que foi apresentado por Firmina e os fatos que estavam acontecendo em sua vida e que só ela sabia?

Chegando ao hospital, Estela foi recebida por um Oswaldo tão sorridente e esperançoso, que ela até se surpreendeu. Há quanto tempo não o via animado daquele jeito?

— Nesta madrugada, a Ariane fez uns breves movimentos com os olhos. Ela pode estar dando os primeiros sinais de que vai sair do coma – disse ele, com uma alegria quase infantil.

Estela sentiu uma vontade imensa de abraçar o marido e só não o fez porque teve medo da reação dele. Mas viu leveza em seu semblante, o que a fez alimentar a esperança de que as coisas poderiam estar tomando um rumo mais promissor.

— Que bom, Oswaldo! Fico muito feliz...

Interrompeu o que dizia, pois se lembrou das palavras ásperas com que se referira à filha em sua última conversa com ele. Teve medo de parecer hipócrita e de aumentar ainda mais a crise entre os dois.

— Estou indo conversar com o Epaminondas – disse o advogado. — Quer me acompanhar?

Estela chegou a pensar que o convite era uma forma de evitar que ela fosse ver Ariane naquele momento, mas ainda assim aceitou de bom grado. Acomodados na sala do médico, os dois ouviram uma notícia que não era tão otimista quanto esperavam:

— Oswaldo e Estela, devo dizer-lhes que o quadro clínico da filha de vocês é animador, pois, ao que tudo indica, ela está saindo do coma lentamente e a recuperação da lucidez é apenas uma questão de tempo. Entretanto, não sabemos exatamente o que vai acontecer depois disso.

— Como assim? - perguntou Oswaldo, com novos ares de aflição. — O que você quer dizer com isso?

— Quero dizer que a doença poderá deixar sequelas na Ariane.

— Sequelas? Que tipo de sequelas?

— Bem... Não dá para prever. Há pacientes que perdem alguns sentidos físicos como a audição e a visão. Outros desenvolvem distúrbios mentais e, em alguns pode ocorrer paralisia de alguns membros do corpo.

Estela levou um susto diante do que ouviu.

— Você está nos dizendo que a Ariane pode ficar paralítica?

— Não dá para descartar essa probabilidade - respondeu o médico. — Infelizmente é meu dever mantê-los informados sobre todas as possibilidades, ainda que negativas, do que possa ocorrer.

Foi como se houvessem jogado um balde de água fria sobre as esperanças de Estela. Mesmo que Ariane sobrevivesse, se ficasse com alguma sequela, ela não iria conseguir se livrar da mágoa inserida no coração de Oswaldo.

No entanto, o que mais a preocupava era o fato de saber que também não iria se perdoar. Se tivesse que passar o resto da vida convivendo com a filha deficiente, essa deficiência seria como um lembrete de sua negligência e falta de amor.

Sem perceber que uma sutil mudança começava a se operar em seu íntimo, sua preocupação agora já não era tanto com a opinião dos outros, com o que diriam e pensariam a seu respeito. Estela começava a se preocupar com a sua própria consciência, com as cobranças que ela mesma se faria por conta de suas falhas.

Sentiu uma vontade imensa de corrigir tudo aquilo, mas como? Inquieta, deixou Oswaldo e Epaminondas conversando, levantou-se e dirigiu-se ao quarto onde Ariane se encontrava.

Pela primeira vez encarou a filha com olhos verdadeiramente maternais. Reparou naquele rostinho pálido, magro, maltratado pela doença, e não sentiu a antipatia e a repulsa de antes. Seu coração foi tomado por um sentimento enternecedor, seus olhos se inundaram de lágrimas e ela caiu de joelhos, segurando as mãos da filha.

— Perdoe-me, Ariane! Perdoe pelas coisas ruins que lhe fiz e, por favor, volta para nós! Volta para a nossa casa e eu prometo que nunca mais vou lhe tratar mal... Dê-me a oportunidade de ser a mãe que eu deveria ter sido desde o princípio, por favor! Eu também prometo perdoá-la por tudo o que houve entre nós... Não quero mais saber de intrigas e agressões, minha filha! Quero dar a você todo o amor que você merece e que, de um modo ou outro, está represado em meu coração...

Enquanto proferia essas palavras extraídas das profundezas de sua alma, Estela chorava copiosamente e beijava com ternura as mãos inertes de Ariane.

De repente, ela sentiu quando uma mão pousou suavemente em seu ombro. Virou-se e se deparou com Oswaldo, que tinha ouvido o seu sincero desabafo. Ele também estava fortemente emocionado, com os olhos cheios de lágrimas. Ajudou a esposa a se erguer e a abraçou com força. Foi a primeira vez que se permitiram chorar juntos.

Depois que se acalmaram, Estela olhou nos olhos do marido e disse:

— Oswaldo, por favor, repense essa questão do divórcio! Dê-me a oportunidade de provar que mudei, que estou aprendendo os verdadeiros valores familiares e que serei, a partir de agora, uma mãe muito melhor para a nossa filha.

Ele pensou por uns instantes e respondeu:

— Está bem, Estela. Na verdade, eu não tenho feito outra coisa a não ser pensar sobre isso. Apenas me dê mais um tempo. Deixe as coisas se ajeitarem; a saúde da Ariane se normalizar...

Estela recostou a face no ombro dele e sussurrou:

— Está tudo bem! Não vou mais ficar lhe pressionando. Apenas lembre-se de que eu o amo muito e que não vou desperdiçar uma nova oportunidade de provar que estou mudando para melhor.

Três criaturas invisíveis aos olhos materiais do casal também acompanhavam aquela cena. Eram Catarina, Virgolino e Ana Tereza. O carroceiro, com seu semblante agastado, fez um ligeiro sinal positivo para Catarina.

A moça sorriu e logo sua aparência foi se transmudando lentamente para a compleição de Ariane. Os laços fluídicos que a mantinham ligada ao corpo físico foram se estreitando à medida que ela voltava a se acoplar a ele.

Ana Tereza tirou com cautela o chicote das mãos do carroceiro e o atirou longe. Acariciou o rosto cansado daquele homem e disse sorrindo:

— Você está livre, meu amor! Já não precisa mais disso. Venha comigo!

Virgolino a olhou com insegurança.

— Será que acabou mesmo?

— Sim. Eu tenho certeza de que a Estela está sendo sincera. Deixe que as duas se entendam a partir de agora. Vamos cuidar de você... Do seu futuro... Da sua vida... Venha comigo, por favor!

Ele titubeou.

— Para onde?

— Para onde o amor do Cristo nos conclama - ela disse sorrindo.

Virgolino balançou a cabeça.

— Não sou digno desse amor. Sou um vingador, um criminoso...

— Jesus não aprova o ódio nem a vingança, mas ama os criminosos, porque sabe que ninguém permanecerá eternamente no erro.

— Sou um devedor...

— E quem de nós não o é?

— Preciso resgatar os meus crimes...

— Cada coisa a seu tempo, meu amor! Este momento é de conscientização, resgate e acolhimento. Todo o resto virá no tempo oportuno. Venha!

E assim, amparado por Ana Tereza, Virgolino seguiu por entre as veredas escuras do ambiente criado por conta de seus próprios sentimentos negativos. À frente, uma sutil luminosidade - projeção dos primeiros indícios de paz em seu espírito - o aguardava para a retomada do caminho interrompido por causa do ódio.

Naquele exato momento, Oswaldo e Estela viram Ariane abrir lentamente os olhos e, olhando para os dois, esboçar um breve sorriso.

— Veja, Estela! Nossa filha está acordando! - Oswaldo disse quase aos gritos.

E a emoção transbordou em seus corações. Ariane estava de volta à vida.

Capítulo 25

Desafios e descobertas

"O resultado da maneira espiritual de encarar a vida é a diminuição de importância das coisas mundanas, a moderação dos desejos humanos, fazendo o homem contentar-se com a sua posição, sem invejar a dos outros, e sentir menos os seus revezes e decepções."

O Evangelho segundo o Espiritismo – Capítulo V – item 13

O doutor Epaminondas não estava conseguindo acreditar no que via. Apesar dos seus prognósticos arrazoadamente pessimistas, todos os exames realizados em Ariane comprovavam que ela não sofrera nenhuma sequela por conta da doença e do prolongado período do coma.

— Oswaldo, eu ainda não consigo acreditar que a sua filha tenha escapado dessa enfermidade terrível sem nenhum arranhão - disse ele, sinceramente admirado.

— A que você atribui isto? - provocou o outro, já antevendo a resposta.

— Bom... De um lado, ao atendimento que prestamos aqui no hospital. De outro...

Ele interrompeu a fala, mas o advogado o incentivou a prosseguir:

— De outro, o quê?

O médico raspou a garganta.

— Bem, eu já lhe disse que tive a vida salva pelas mãos da Firmina. Acho que o fato de a Ariane não ter ficado com sequelas se deve à intervenção da cura espiritual que ela promoveu.

Epaminondas ficou esperando pelas costumeiras contestações do Oswaldo, mas se surpreendeu quando ele, olhando para o vazio, disse:

— Quer saber de uma coisa, meu amigo? Eu já não duvido de mais nada...

— Não duvida? Como assim?

— Epaminondas, você acompanhou o meu dilema nesses últimos tempos, a aflição e a revolta que experimentei. Pois bem, há alguns dias eu decidi me divorciar da Estela. Havia chegado à conclusão de que ela era a culpada pela doença da Ariane e me dei conta de ter me casado com uma mulher fria, egoísta e prepotente demais para ser mãe da minha filha querida. Mas logo depois de ter proposto a separação, notei uma mudança radical no comportamento dela. De repente, Estela passou a se comportar com humildade e, principalmente, a demonstrar um amor sincero pela Ariane. Achei que era só medo de me perder, medo de que o casamento acabasse... Mas agora estou me certificando de que essa mudança para melhor é verdadeira. A Estela virou uma pessoa muito mais humana, afetiva e responsável, nos últimos dias.

— Que interessante! - exclamou o médico. — E você acha que houve algum acontecimento especial para que essa mudança ocorresse?

— Olha, eu não tenho certeza se é esse o motivo, mas fiquei sabendo que ela esteve no Centro Espírita onde a Firmina, a minha cunhada e o meu concunhado trabalham. Parece que nessa visita Estela andou se conscientizando sobre algumas coisas muito importantes.

— Que tipo de coisas?

— Coisas como a reencarnação e a lei de causa e efeito, por exemplo.

— Que é isso, Oswaldo? Onde está a sua visão materialista sobre a vida? Está virando religioso, meu amigo? - brincou o médico.

O advogado voltou a olhar para o vazio.

— É como lhe disse: eu já não duvido de mais nada!

Estela estava dormindo sozinha há várias noites e não tinha certeza se o marido voltaria a compartilhar o leito do casal, que a seu ver se tornara imenso e frio. Naquela noite, ele havia voltado para casa, mas não dissera se iria dormir lá ou se fora apenas pegar alguma coisa. Embora com o coração aflito, Estela não quis perguntar, pois queria cumprir a promessa que fizera de não pressioná-lo.

Ela estava deitada, lendo um livro, quando Oswaldo deu uma leve batida na porta e adentrou o quarto. Num gesto impulsivo, Estela enfiou o livro embaixo do travesseiro e disfarçou o quanto pôde. O advogado achou aquilo muito estranho, mas fingiu não ter notado nada. Apenas disse:

— Estela, temos um assunto pendente sobre o qual precisamos conversar.

Ela se sentou, recostou-se na cabeceira da cama e ajeitou os cabelos.

— É verdade, Oswaldo. Confesso que estou morrendo de medo de ouvir o que você tem para me dizer.

Ele também se sentou na cama, olhou-a nos olhos e falou com segurança:

— Pois eu não vou deixá-la apreensiva por muito tempo, Estela. O que tenho a lhe dizer é que pensei muito sobre a proposta que lhe fiz e cheguei à conclusão de que foi uma grande besteira. Você tem toda razão quando disse que nós não somos um casal de adolescentes em fase de namoro. Temos um casamento sólido, dois filhos maravilhosos, um lar que precisa de dedicação e não há como ignorar tudo isso. Amanhã nossa filha estará de volta ao nosso convívio e eu não quero que nada a entristeça.

Estela o abraçou e disse emocionada:

— Oh, meu amor, que bom! Como eu me sinto feliz por você ter chegado a essa conclusão! Prometo que não vou lhe dar nenhum motivo para se arrepender de ter me dado essa nova oportunidade.

Oswaldo retribuiu ao abraço da esposa e os dois se beijaram de um modo que há tempos não faziam. Naquele momento perceberam o quanto sua relação estava desgastada e intimamente se propuseram a mudar aquela realidade. Afinal, o amor que os unira em matrimônio continuava vivo em seus corações e também merecia uma nova chance.

Com o movimento que fizeram, o travesseiro foi empurrado para a borda da cama e o livro que estava sob ele caiu aos pés de Oswaldo. Quando ele o apanhou para devolver, reparou que se tratava de *O Livro dos Espíritos* e falou numa atitude automática:

— Estela! Você está lendo um livro espírita?

Ela sorriu sem graça e disse constrangida:

— É... A Joana me falou tanta coisa sobre esse livro, que me deixou curiosa. Então eu pedi emprestado para dar uma olhada.

— E por que você o escondeu quando eu entrei no quarto?

— Bom... Eu não sabia o que você iria pensar sobre isto. Afinal, suas ideias são tão materialistas...

Oswaldo não disse nada. Levantou-se, saiu por um minuto e retornou com outro livro.

— Olha o que eu estou lendo - disse, entregando-o a ela.

Estela arregalou os olhos.

— Oswaldo, você também está lendo *O Livro dos Espíritos*?

E os dois começaram a rir. Depois ele explicou:

— Com todas as coisas que andaram acontecendo nos últimos tempos, eu fiquei completamente perdido. Fiquei com muito medo de perder a Ariane para a morte e não encontrei em minhas concepções nada que pudesse acalmar a angústia que invadiu o meu coração. Pela primeira vez resolvi ouvir com atenção as coisas que o Henrique vivia falando e andei fazendo um monte de perguntas a ele, mas sempre duvidando da sua visão espiritualizada. Então ele me desafiou a ler este livro. Disse que, se depois de ler, eu chegasse à conclusão de que o espiritismo é mesmo uma bobagem, ele deixaria de ser espírita e se tornaria ateu. Aceitei o desafio, apenas para provar a ele os absurdos que esperava encontrar aqui - disse, batendo na capa do livro com a ponta do dedo indicador.

— Mas o problema - prosseguiu ele — é que estou devorando o livro e não encontrei nenhum absurdo, nenhuma incoerência, nenhum disparate. Pelo contrário, encontrei coesão, sensatez, conforto... Agora me vejo duvidando, sim, dos meus próprios conceitos materialistas.

Estou duvidando de que sejamos apenas seres de carne e osso, vivendo aleatoriamente na superfície de um planeta perdido na imensidão cósmica, sem um objetivo maior para a nossa existência...

Estela estava boquiaberta.

— Oswaldo, é exatamente nisto que eu estava pensando agora há pouco, enquanto lia o capítulo que fala sobre a Lei do Progresso. Eu também fui desafiada a conhecer os preceitos básicos da Doutrina Espírita para depois criticá-la ou negar os seus conceitos. Mas ainda não encontrei nada nessa leitura que me desse motivo para refutá-la. Confesso que fiquei tão desesperada quando você falou em divórcio, que pedi ajuda espiritual à Firmina e acabei encontrando muito mais do que esperava naquela casinha aparentemente insignificante. Foram tantos os acontecimentos, que eu fiquei confusa e insegura. A leitura deste livro foi a forma que encontrei para tentar entender o que estava acontecendo.

— E o que foi este "muito mais" que você encontrou naquela casinha, afinal? – perguntou ele, curioso.

— Você está mesmo disposto a ouvir?

Oswaldo acenou positivamente.

— Então se prepare, pois é uma longa história!

E Estela contou tudo o que havia se passado na noite em que esteve no Centro Espírita. Falou, inclusive, sobre o que ouvira a respeito do triângulo amoroso vivenciado por eles e Ariane, na encarnação passada e sobre o trágico desfecho da história narrada por Ana Tereza.

Quando Estela terminou a narrativa, Oswaldo estava calado, pensativo. Por mais que lhe parecesse fantasiosa, a história lhe provocou um significativo abalo interior e, somando a isto as informações obtidas por meio da leitura de *O Livro dos Espíritos*, ele já não conseguia duvidar de que aquilo fosse real. Assim, prometeu a si mesmo que a partir daquele dia iria olhar para o seu lar com uma visão mais atenciosa.

Para começar, segurou nas mãos da esposa e disse com sinceridade:

— Estela, considerando que tudo isto tenha mesmo acontecido, eu lhe peço que me perdoe por ter sido um mau marido naquela encarnação. Prometo que a partir de agora vou me esforçar para ser um esposo e um pai mais atento às necessidades da nossa família.

E disse que, em função do desgaste sofrido durante o período em que Ariane esteve enferma, chegara à conclusão de que não deveria concorrer ao cargo de deputado, proposto pelo partido.

— Vou dar uma interrompida em minhas atividades políticas - disse ele. — Prometi para mim mesmo que depois desse sofrimento todo, eu vou dedicar mais tempo à Ariane, ao Willian e a você.

Estela, feliz, voltou a abraçá-lo. Em outra época, certamente o aconselharia a seguir adiante com os seus projetos políticos, pois encarava a posição de poder conquistada pelo marido com muito mais importância. Agora, não! Os tempos eram outros.

Conquistas muito mais relevantes estavam acontecendo no campo afetivo e moral de suas vidas e isto, sim, era o que verdadeiramente importava. Ariane havia superado a doença, Oswaldo estava de volta ao lar, a casa não seria mais tão grande e fria, o leito conjugal voltaria a ser aquecido pela presença insubstituível do esposo amado...

Capítulo 26
Epílogo

"Perdoar aos inimigos é pedir perdão para si mesmo; perdoar aos amigos é dar prova de amizade; perdoar as ofensas é mostrar que se melhora. Perdoai, pois, meus amigos, para que Deus vos perdoe. Porque, se fordes duros, exigentes, inflexíveis, se guardardes até mesmo uma ligeira ofensa, como quereis que Deus esqueça que todos os dias tendes grande necessidade de indulgência?"

O Evangelho segundo o Espiritismo – Capítulo X – item 15

Apesar de se encontrar ainda fragilizada pelo longo período de inconsciência, Ariane estava curada. Iria voltar para casa no fim de semana e Estela preparou uma discreta recepção, para a qual convidou os amigos mais próximos da moça; justamente aqueles que haviam montado sentinela no pátio do hospital, fazendo uma corrente de preces para que ela se recuperasse.

Henrique e Joana também foram convidados e Estela pediu à irmã que, se possível, levasse Firmina. Afinal, a médium havia dedicado boa parte do seu tempo ao tratamento espiritual de Ariane. Mas Firmina recusou o convite, dizendo que estaria ocupada naquele dia, cuidando de um assunto muito importante.

Willian, atendendo ao chamado da mãe, juntou-se à família para recepcionar a irmã, mas disse que pretendia voltar o mais rápido possível à capital, repetindo as costumeiras desculpas para não permanecer no interior.

No entanto, chegando em casa, o rapaz se sentiu tão em paz que se esqueceu da pressa. Ocorre que o afastamento de Virgolino promoveu uma melhora imensa na qualidade energética daquele ambiente. Willian voltou a sentir as vibrações positivas que ali existiam antes que o obsessor contaminasse o lar com suas tenebrosas emanações fluídicas.

Percebeu uma transformação muito positiva em sua mãe, cujo semblante estava bem mais leve e cujas conversas já não andavam carregadas de negatividades. Até em seu pai Willian notou uma interessante e positiva transformação. Os dois conversaram bastante e Oswaldo ficou feliz em saber que o filho seguia firme nos estudos, demonstrando claras aspirações para seguir-lhe os passos na vida profissional.

De repente, Willian sentiu aflorar o desejo de se aproximar mais de sua família e disse que no período das férias pretendia iniciar um pré-estágio no escritório do pai, o que foi aprovado com muita satisfação pelo advogado.

A chegada de Ariane foi comemorada com festa. As pessoas presentes estavam emocionadas e a moça agradeceu a todas, a começar pelo irmão e pelos tios Joana e Henrique. Distribuiu abraços, beijos e sinceras declarações de amor e amizade.

O último a receber o abraço carinhoso de Ariane foi Oswaldo, para quem a moça disse:

— Pai, eu fico pensando num meio de agradecê-lo, mas não encontro palavras que possam expressar a gratidão imensa que sinto por tê-lo ao meu lado; pelo amor que o senhor sempre me dedicou. Então, só posso resumir todo este sentimento na seguinte frase: "eu o amo com toda a capacidade de amar que existe em meu coração!".

Os dois se abraçaram chorando de emoção e todos aplaudiram. Muitos dos presentes enxugavam os olhos lacrimejantes.

A única pessoa que não recebeu demonstrações de carinho foi Estela que, constrangida, fingiu não perceber que a filha a deixara de lado. Mas o ambiente ficou um pouco tenso e os familiares mais próximos, que conheciam o histórico de animosidade entre mãe e filha, temeram que a atitude da jovem pudesse provocar algum mal-estar.

Estela sentiu o coração apertado e seu rosto estava corado de vergonha. Mas, lutando contra os sentimentos negativos que ameaçavam invadir-lhe a alma, ela disse:

— Muito bem, pessoal! Agora que acabaram as trocas de afetos, eu gostaria que a Ariane cortasse um bolo de aniversário, que simboliza o seu renascimento após ter vencido a grave enfermidade que a vitimou.

Uma nova salva de palmas foi iniciada pelos convidados, mas Ariane sinalizou para que esperassem.

— E quem disse que os meus agradecimentos terminaram? - perguntou ela, aproximando-se da genitora.

Enlaçou Estela pela cintura e disse:

— Bem... Eu deixei a minha mãe por último, porque nós duas sabemos o quanto este momento é difícil e ao mesmo tempo importante para nós. Não é novidade para ninguém que a nossa relação é bastante conflituosa. Meus amigos sabem disso, porque eu sempre desabafei com eles, assim como ela também certamente já comentou sobre isto com as pessoas que lhe são próximas. Mas eu tenho certeza de que, daqui para frente, as coisas irão mudar. E sabe por que, mãe?

Havia um silêncio expectante no ar. Estela olhou para a filha de um jeito evasivo, sem encontrar respostas para a pergunta dela. Ariane prosseguiu:

— Porque durante o período em que estive doente, eu cheguei à conclusão de que a amo e tive a certeza de que ninguém no mundo, a não ser a senhora, poderia ser minha mãe. Não me pergunte como, mas mesmo estando em coma, eu ouvi as suas palavras sinceras, pedindo que a perdoasse e lhe concedesse uma nova oportunidade para demonstrar o seu amor maternal por mim.

Estela já não conseguia segurar a emoção e as lágrimas começavam a umedecer os seus olhos, enquanto Ariane continuava a falar:

— Pois eu também quero pedir que a senhora me perdoe e que também me dê a chance de provar que, apesar de todas as nossas intrigas, tenho pela senhora um profundo e sincero amor filial. Quero que a senhora saiba que ocupa um lugar muito, muito, muito especial em meu coração!

Agora as duas choravam abertamente e ninguém mais conseguia segurar o pranto de alívio e alegria que a todos contagiava. Ariane e Estela se abraçaram.

— Amo a senhora, mamãe! Perdoe-me pelas implicâncias e pelas coisas ruins que lhe fiz...

— Eu também a amo, minha filha! E não preciso perdoá-la, pois já não existe mágoa alguma em meu coração... Deixemos que o passado sirva apenas de lição para nós duas e vamos trilhar, a partir de agora, um caminho mais harmônico e mais feliz em nossas vidas!

Oswaldo e Willian se aproximaram e juntaram-se àquele abraço caloroso. Importantes laços de amor começavam a unir aquela família, estimulando a paz que somente o sincero perdão das ofensas é capaz de promover.

Naquele momento, isolada em sua humilde casinha, Firmina realizava a importante tarefa a que se referira: fazia preces de agradecimento a Deus pelo favorável desfecho da história que Ana Tereza viera lhe contar.

— Eu estava lá - disse a desencarnada à médium. — Vi o momento em que mãe e filha se uniram pelos laços do amor verdadeiro, libertas das algemas do ódio que as aprisionava em invisível cativeiro mental.

— Graças a Deus! - exclamou Firmina. — A relação de paz entre as duas representará também importantes conquistas de paz e harmonia no plano espiritual onde alguns irmãos, ligados à trama que as une, também precisam de sossego para retomar as suas jornadas.

E assim iniciava-se uma nova etapa na vida daquelas pessoas, comprovando mais uma vez que os corações humanos são campos estéreis que somente florescem quando fertilizados pela conquista do amor incondicional angariado, principalmente, pelo perdão das ofensas. Florescem quando despertados para a grande verdade sobre o Espírito imortal e sobre as leis divinas que, gravadas na consciência humana, contribuem sempre para que haja paz e harmonia entre os homens de boa vontade.

Que Jesus abençoe, ampare e proteja a todos nós!

Fim

Outras Obras do Autor

Aliança

As histórias que compõem este livreto apresentam temas doutrinários presentes nas atitudes diárias de seus protagonistas.

São exemplos que poderão ser aproveitados para o nosso despertar à certeza de que na seara da vida "o plantio é facultativo, mas a colheita é sempre obrigatória".

11 x 15 cm | 192 páginas